As Bruxas
da Noite

RITANNA ARMENI
com a colaboração de Eleonora Mancini

As Bruxas da Noite

A História não Contada do Regimento Aéreo Feminino Russo Durante a Segunda Guerra Mundial

Tradução
Karina Jannini

SEOMAN

Título do original: *Uma Donna Può Tutto*.
Copyright © 2018 Adriano Salani Editore s.u.r.l. – Milão.
Copyright da edição brasileira © 2019 Editora Pensamento-Cultrix Ltda.

1ª edição 2019. / 2ª reimpressão 2021.

Todos os direitos reservados. Nenhuma parte desta obra pode ser reproduzida ou usada de qualquer forma ou por qualquer meio, eletrônico ou mecânico, inclusive fotocópias, gravações ou sistema de armazenamento em banco de dados sem permissão por escrito, exceto nos casos de trechos curtos citados em resenhas críticas ou artigos de revistas.

A Editora Seoman não se responsabiliza por eventuais mudanças ocorridas nos endereços convencionais ou eletrônicos citados neste livro.

Editor: Adilson Silva Ramachandra
Gerente editorial: Roseli de S. Ferraz
Preparação de originais: Danilo Di Giorgi
Produção editorial: Indiara Faria Kayo
Editoração eletrônica: S2 Books
Revisão: Vivian Miwa Matsushita

Dados Internacionais de Catalogação na Publicação (CIP)
(Câmara Brasileira do Livro, SP, Brasil)

Armeni, Ritanna
  As bruxas da noite : a história não contada do Regimento Aéreo Feminino Russo Durante a Segunda Guerra Mundial / Ritanna Armeni, com a colaboração de Eleonora Mancini ; tradução Karina Jannini. -- São Paulo : Seoman, 2019.

  Título original: Una donna può tutto.
  ISBN 978-85-5503-107-6

  1. Guerra Mundial, 1939-1945 - Participação feminina 2. Mulheres soldados - União Soviética - Biografia 3. União Soviética I. Mancini, Eleonora. II. Jannini, Karina. III. Título.

19-30446   CDD-940.544947

Índices para catálogo sistemático:
1. Mulheres soldados : União Soviética :
Guerra Mundial, 1939-1945 940.544947
Iolanda Rodrigues Biode - Bibliotecária - CRB-8/10014

Seoman é um selo editorial da Pensamento-Cultrix Ltda.

Direitos de tradução para o Brasil adquiridos com exclusividade pela
EDITORA PENSAMENTO-CULTRIX LTDA., que se reserva a
propriedade literária desta tradução.
Rua Dr. Mário Vicente, 368 — 04270-000 — São Paulo, SP
Fone: (11) 2066-9000
http://www.editoraseoman.com.br
E-mail: atendimento@editoraseoman.com.br
Foi feito o depósito legal.

Para Costanza, minha bruxinha

Não, não sob um céu estrangeiro,
não ao abrigo de asas estrangeiras;
na época, eu estava com o meu povo,
onde, por infelicidade, o meu povo estava.
Anna Akhmátova

Sumário

Malditos aviõezinhos — 9
Eu queria conhecer uma bruxa — 13
Em voo — 25
Era uma vez... — 31
"Corram, Molotov vai falar!" — 38
Truffaut em Moscou — 46
Para a linha de frente, para a linha de frente! — 52
Uma mulher de aço — 60
Na taiga — 69
Número 43 — 82
Um tapete de tranças — 91
O pássaro de madeira e percal — 99
Homens inimigos — 106
Lágrimas — 115
O regimento das tolinhas — 122
Ljuba e Vera não voltam — 129

Em fuga	135
"Nem mais um passo para trás"	142
Vamos conseguir?	151
Senhoritas em voo	159
Tudo inútil?	170
Saia, não!	177
Fogueiras no céu	183
Zhenya	192
Sem paraquedas	199
Pista de dança	206
Gritos às margens do mar Báltico	214
Mulheres inúteis	224
Esperando por Dimitri	233
As bruxas também morrem	241

Malditos aviõezinhos

Aqueles malditos aviõezinhos. Chegam apenas à noite, descem em silêncio, lançam sua carga de fogo e voltam rapidamente para as nuvens. Em poucos minutos, semeiam terror e destruição. Do campo, tentam aprisioná-los nas redes dos refletores, mas eles escapam da artilharia antiaérea. Quando esta começa a disparar, é tarde demais; eles já estão nas alturas de novo, além do manto de nuvens.

Alfred pilota um caça-bombardeiro Junker de tecnologia avançada, o melhor da *Luftwaffe*. Durante o dia, rasga o céu e desce mergulhando de cabeça, com uma sirene que dá mais medo do que o espocar das metralhadoras, o estouro das bombas e o estrondo do desabamento dos edifícios atingidos. Agora, depois de uma noite em claro, olha para o céu que lentamente clareia, e acende um cigarro.

Com a chegada da luz, a calma voltará ao campo, os feridos receberão tratamento, os mortos serão sepultados, os danos serão avaliados, para então se retomarem os preparativos para o novo dia. Todavia, nem a ordem nem a disciplina serão capazes de aplacar a inquietação que se respira por toda parte. Ninguém sabe quem produz o inferno de fogo. Quem lança essas bombas? Alfred conseguiu ver que elas vêm de aviões pequenos, muito ágeis, que a artilharia antiaérea tem dificuldade para atingir porque são silenciosos, escapam dos raios dos refletores porque ousam fazer manobras temerárias, viradas extremas, zigue-zagues improvisados. Será que se trata de uma divisão especial?

Ele ainda não tem uma resposta. Ao que parece, tampouco a têm os altos escalões. São dias difíceis. A *Wehrmacht* quer aproximar-se do Cáucaso; os soldados lutam com a lama antes de enfrentarem, dentro de algumas semanas, a neve e o gelo; a cada dia, o terreno se faz mais insidioso, a guerra, mais longa, e as ordens do comando, contraditórias. Acreditavam que seriam enviados ao norte, a fim de levarem reforços para as tropas, prontas a entrar em Moscou e Leningrado. Achavam que estavam prestes a tomar a capital que nem mesmo Napoleão conseguira subjugar; porém, de repente, chegou a ordem de ir para o sul, a fim de conquistar os oleodutos do Cáucaso. Precisam reabastecer o país e o exército com petróleo. E é necessário muito petróleo para colocar os veículos, os tanques, os navios, os aviões e os submarinos em funcionamento.

Deu certo até determinado ponto, pensa Alfred, enquanto joga fora a ponta do cigarro. Até o verão, estavam convencidos de conseguir alcançar o objetivo, mas há pouco tempo algo tinha deixado de funcionar. O inimigo está em retirada, mas não em fuga. Stalingrado, cercada, atingida, bombardeada, resiste. Alcançar os poços é mais difícil do que o previsto.

Agora se acrescentaram aqueles malditos aviõezinhos. São eles que alimentam um pressentimento incômodo. A infantaria, com seus pesados equipamentos, tem de avançar mais de quarenta quilômetros por dia. Quando param, os soldados estão destruídos e esperam a noite como uma bênção, para finalmente poderem deitar-se e fechar os olhos por algumas horas. Em vez disso, ao cair da escuridão, quando começam a saborear um pouco de tranquilidade, esses malditos aviõezinhos surgem no céu de repente e despejam sobre eles uma bomba depois da outra. Até o amanhecer, em ritmo regular.

O que desestabiliza as tropas, cansadas pelas longas caminhadas, não são os mortos e os feridos vítimas das incursões noturnas. O que os perturba é, antes, a surpresa, a incerteza, o cansaço pela falta de sono, a pergunta que ninguém consegue responder: quem está provocando essa chuva de bombas?

Alfred, porém, sabe uma coisa que os outros não sabem e que as altas esferas do comando quiseram calar. Algum tempo antes, um dos aviõezinhos caiu. Espatifou-se no chão por causa da névoa ou porque perdeu a rota. Quando os soldados da *Wehrmacht* se aproximaram, descobriram que havia duas mulheres na cabine. Morreram na hora, ainda no posto de comando. Buscaram alguma coisa que as identificasse ou que permitisse entender de onde vinham e a qual regimento pertenciam. Não encontraram nada. Quem pilotava devia ter tomado todas as precauções para que nada de importante caísse em mãos inimigas. Os soldados foram embora, deixando que aqueles corpos fossem sepultados pelos camponeses do lugar, depois relataram o fato aos comandantes.

Seria possível que biplanos, que parecem brinquedos, mas espalham tanto caos, sejam pilotados por mulheres? Seria possível que fossem elas a provocar, todas as noites, tanta destruição? O comando prefere não difundir a notícia; os homens não devem saber que são ameaçados por garotas soviéticas no comando de aviões de brinquedo. Seria algo insuportável para eles. Mesmo Alfred tem dificuldade para aceitar o fato. Seria possível que fossem mulheres? Tão competentes, ágeis, precisas, impiedosas? Tão indiferentes ao perigo? Chegam à noite, de repente, semeiam o terror e depois tocam novamente o céu. Misteriosas, fugidias, impossíveis de capturar. Parecem bruxas. *Nachthexen*, bruxas da noite.

Eu queria conhecer uma bruxa

Eu queria conhecer uma bruxa e, segundo me disseram, ainda havia algumas em Moscou.

A primeira tentativa não deu certo: encalhou em um gentil e firme *niet*. O encontro era impossível por motivos banais, mas insuperáveis naquele momento: não havia tempo, nem sempre as bruxas estavam disponíveis, e quem poderia organizar o encontro, por sua vez, estava muito ocupado.

Entendi que era inútil insistir. O *niet* vinha da diretora do Museu da Grande Guerra Patriótica (assim os russos chamam a Segunda Guerra Mundial), que não é um museu qualquer.

As imensas salas abarrotadas de memórias; a exposição de armas, canhões, mísseis, uniformes, retratos, manifestos, bandeiras; a reconstituição de batalhas; estrelinhas e distintivos nas vitrines de cristal, para não falar do rosto dos generais e das cenas das paradas militares na Praça Vermelha; o perfil de Josef Stalin por toda parte, não apenas ali, para prestar homenagem a uma história gloriosa; tudo isso exalta não apenas a heroica resposta do povo russo à invasão alemã. Nessas salas, também se celebra a Rússia de hoje, a importância da guerra em seu destino e a força de seu passado, que continua a inspirar seu presente. Uma exposição imponente, que desde a primeira vez me emocionou, impressionou, e às vezes me deixa estarrecida.

A diretora com quem eu havia falado era uma mulher importante, fazia parte – tal como se diria tempos atrás – da *nomenklatura* e era uma espécie de sacerdotisa da memória. Por ela passavam as iniciativas nas quais ainda hoje estão envolvidos os veteranos da Segunda Guerra Mundial, respeitados na Rússia de Putin como em nenhum outro país. Administrava grande parte dos projetos que, nas escolas, testemunhavam o heroísmo de quem lutou contra o inimigo alemão. Também era ela quem mantinha relações cotidianas com as bruxas, gerenciava os contatos com a imprensa, decidia quem podia encontrá-las.

Eu havia chegado à guardiã da memória por intermédio do veterano Ivan Martinushkin, um dos primeiros militares soviéticos a entrar em Auschwitz, com quem eu fizera uma longa entrevista e que, de maneira totalmente casual, me revelara a existência das bruxas da noite. Segundo me contara, tratava-se de jovens mulheres que, durante a guerra, atacavam os alemães a partir de aviões pequenos e frágeis em meio à escuridão do céu. Eram tão temidas que ganharam justamente o apelido de *Nachthexen*. Ao ouvir esse relato, devo ter feito uma cara tão surpresa e interessada que o veterano Ivan logo acrescentou que eu poderia conhecer uma delas se quisesse. Ele me daria o contato certo. Mas o contato não funcionou.

Minha amiga Eleonora tentou consolar-me. Esse *niet* não deveria me desanimar. Era uma espécie de reflexo incondicionado, fazia parte do espírito e do caráter nacional. Se você permanecer firme e gentil – insistira Eleonora –, os russos geralmente se transformam, tornam-se corteses, hospitaleiros e até colaborativos. Enfim, se persistíssemos em nossos propósitos, de uma maneira ou de outra chegaríamos às bruxas.

Eleonora certamente tinha razão, e eu, por outro lado, não tinha nenhuma intenção de desistir. Ao contrário, depois daquela recusa, como diante do fruto proibido, minha curiosidade em relação a essas mulheres combativas e misteriosas tinha aumentado. Se os soldados da *Wehrmacht* – que haviam ocupado boa parte da Rússia, assediado Moscou e Leningrado, sufocado Stalingrado e depredado o Cáucaso – sentiram medo de um grupo de jovens que pilotavam pequenos aviões de madeira e lona, é porque essas mulheres realmente deveriam ser fora do comum. Conhecer uma delas seria uma experiência irrenunciável.

Enquanto eu esperava aquele "não" transformar-se em "sim", decidi dirigir-me aos livros, ao menos temporariamente. A majestosa entrada da Biblioteca Lenin, dominada pelo olhar pensativo de Fiodor Dostoievski, ficava ali, a dois passos da Praça Vermelha. Entre os seus 44 milhões de volumes, com certeza eu encontraria informações sobre aquelas que, a essa altura, Eleonora e eu chamávamos familiarmente de "as nossas bruxas".

Depois de alguns *niet* – mas, desta vez, realmente de pouca relevância –, a grande biblioteca nos abriu suas portas. Funcionárias gentis e eficientes mostraram-se muito disponíveis às duas extravagantes senhoras italianas que queriam saber sobre as *Nachthexen*. Forneceram-nos muita documentação: biografias, poesias, contos, compêndios de história e até mesmo livros infantis. Conforme aprendemos com surpresa, passando freneticamente de um volume a outro, as bruxas faziam parte de regimentos exclusivamente femininos. Eram chefiadas por mulheres. Assim como eram mulheres as mecânicas e as encarregadas dos armamentos. Como era possível? Em plena guerra, o Exército Vermelho ousara formar regimentos de aviação apenas com mulheres? Até mesmo como pilotas de bombardeiros? Segundo o que lemos, foi o que havia decidido Stalin, em outubro de 1941. Quem diria! O famoso feminista Josef Stalin, que durante a guerra confiava seus aviões a jovens mulheres e aceitava que nenhum homem os pilotasse. A história nos parecia cada vez mais inacreditável, enquanto a curiosidade se misturava à emoção de quem sente que está se aproximando de um episódio único e em grande parte desconhecido na Itália. Ao sairmos da biblioteca carregadas de anotações e fotocópias, Fiodor Dostoievski, do alto de seu pedestal, pareceu-nos menos preocupado e mais sorridente. E nessa noite, para festejar o início da nossa aventura e confirmar a nós mesmas que o *niet* não nos deteria, jantamos no café Pushkin.

Há em Roma, na Villa Borghese, diante da Galeria Nacional de Arte Moderna, uma estátua de Nikolai Gogol, esculpida por Zurab Tsereteli. Inscritas no mármore, leem-se as seguintes frases: "Posso escrever sobre a Rússia apenas estando em Roma. Somente de lá ela se eleva à minha frente em toda a sua inteireza, em toda a sua vastidão". Um amigo me indicou essa estátua quando soube que eu me refugiava na cafeteria da GNAM para ler o que havia encontrado sobre as bruxas. Gogol apaixonara-se pela Roma do século XIX, onde começara a escrever *Almas Mortas*. A inscrição me pareceu um sinal. Sentada a uma mesinha do bar que dá para o grande parque romano, enquanto eu lia e fazia anotações, pensei que voltaria a Moscou. Depois, já em casa, escreveria sobre as bruxas, uma história russa que parecera menor para muitos, mas que justamente a partir de Roma se mostrava em toda a sua grandeza. A essa altura, eu já tinha descoberto muitas coisas sobre elas, lido e visto muitas fotos. Tinha ficado fascinada com aqueles semblantes jovens e sorridentes, com os corpos metidos nos uniformes masculinos. Diante da ingenuidade e da inocência daqueles rostos, as perguntas se multiplicaram. Eu queria entender que tipo de convicção as levara a participar do conflito com tanta determinação e a pretender um papel que, antes delas, nenhuma mulher assumira. Queria chegar ao fundo daquela emancipação, cujos aspectos de dureza, grandeza e unicidade eu intuía.

Na União Soviética, pelo menos um milhão de mulheres partiu para a guerra ao lado dos homens: enfermeiras, telefonistas, cozinheiras e soldadas, atiradoras de elite. É o que revela Svetlana Aleksiévitch, escritora de quem gosto muito, no livro *A Guerra não Tem Rosto de Mulher*. Se vocês o lerem, vão sentir-se subjugados como eu pelos sentimentos, pelas emoções, pelas lembranças e pelas angústias que animavam as mulheres durante o conflito. Uma experiência ainda mais trágica por ter sido substancialmente estranha a elas, imposta por uma grande história com a qual, à diferença de muitos homens, não se identificavam por completo e à qual, ao contrário, contrapunham com obstinação sua carga de dor. Aquelas mulheres narradas por Svetlana Aleksiévitch pareciam evidentemente violentadas, oprimidas por um objetivo, por um destino que não era delas.

Por outro lado, eu estava descobrindo nas minhas leituras que havia um rosto feminino da guerra. Descobria que as mulheres haviam sido não apenas vítimas dos desastres materiais e morais do conflito, que havia existido para elas mais que apenas sofrimento, coerção, obediência. As bruxas – assim me faziam pensar os livros com suas memórias e os filmes com as entrevistas – não tinham sido vítimas da história; ao contrário, haviam assumido um papel de primeira importância; tinham feito da guerra uma oportunidade de emancipação; tinham aproveitado o conflito para ampliar a própria esfera de liberdade. Não lhes bastara a igualdade na escola ou no trabalho, prometida pela pátria socialista; não haviam sido suficientes os manifestos que, nos muros das cidades e dos vilarejos, anunciavam que as mulheres podiam subir nos tratores, ir para os canteiros de obras e pilotar aviões. Também haviam pretendido a igualdade trágica e feroz das bombas e da morte. Para tê-la, enfrentaram quem não pretendia reconhecer sua escolha. Aparentemente, dessa luta nasceram vencedoras. Quando narravam suas aventuras, todas as bruxas repetiam com orgulho que tinham demonstrado valer mais do que os homens.

Volto a Moscou alguns meses depois, apenas por poucos dias. Embora eu não tenha renunciado ao sonho de conhecer uma bruxa, duvido que conseguirei nessa ocasião. Penso que, por enquanto, é melhor deixar todo propósito de lado e aproveitar uma cidade dinâmica e resplandecente, que se prepara para as festas de fim de ano em meio a um inverno mais brando do que de costume.

É uma bruxa que me encontra. Enquanto passeio no mercado de Izmailovo, entre matrioskas, centros de mesa bordados, toneladas de antiguidades, medalhas, bandeiras, livros, objetos de decoração, retratos, armas, lembranças da Grande Guerra Patriótica e diversos tipos de bugigangas, em uma barraca de selos vejo um que chama minha atenção. Nele não estão estampadas as habituais figuras cordiais e sorridentes de Lenin e Stalin, mas a de uma jovem com óculos e capacete de pilota. De quem era aquele rosto feminino que, na URSS de Stalin, mereceu um selo? Não tive tempo de formular a pergunta.

— É Marina Raskova — responde-me o vendedor, um pouco surpreso por eu não a ter reconhecido.

De fato, não há livro sobre as bruxas que não a cite nem relato que não fale dela. É a mulher que convenceu Stalin a constituir os regimentos compostos apenas por aviadoras. Agora ela está na minha frente, ainda que em um selo. Compro-o, guardo-o com cuidado em uma caderneta e sinto novamente o aperto da angústia. Desta vez, as bruxas estão me mandando uma mensagem, e eu não consigo responder. Soa-me como um descumprimento do qual poderei arrepender-me.

Nesse momento de desânimo e em meio a meu pessimismo, não noto a obstinação de Eleonora, que, com seu russo fluente e seu celular escangalhado, decidiu passar por cima da diretora do museu e bombardear as associações dos veteranos e os funcionários do Ministério da Defesa com e-mails, mensagens e telefonemas. Eles devem saber onde estão as últimas bruxas. Observo-a distraidamente, imaginando que esteja colecionando os habituais *niet*; porém, uma tarde ela me anuncia, triunfante:

— Consegui falar com Vladimir Aleksandrovitch Naumkin.
— Quem é? — Foi minha primeira reação desconfiada.
— Um dos responsáveis entre os veteranos junto ao Ministério da Defesa, um senhor gentil, mas um pouco à moda antiga — informa-me Eleonora. Ele não usa SMS nem e-mail, o que a fez penar, mas por fim atendeu ao telefone. — Pedi a ele que nos apresentasse a uma bruxa — prossegue Eleonora.
— *Niet*?
Que nada! Desta vez, a resposta foi *harachó*, tudo bem.

Encontramos Vladimir Aleksandrovitch Naumkin na estação de metrô Universitet. Com seu pesado sobretudo preto, cachecol bem dobrado e apertado em volta do pescoço, o imponente colbaque e os olhos claros, sérios e penetrantes, tem o aspecto solene dos militares reformados e os modos corteses e às vezes austeros dos russos de antigamente. O saco plástico com dois livros sobre a Grande Guerra Patriótica revela que permaneceu estreitamente ligado a ela.

Apresentamo-nos em um café próximo à estação. Ele fala de sua paixão por voar, de quando, aos 17 anos, inscreveu-se em um dos muitos aeroclubes do país e de como continuou depois os estudos no Instituto da Força Aérea de Grozni, tornando-se piloto militar e especializando-se na condução de helicópteros. Por muitos anos trabalhou na equipe responsável pelo resgate de astronautas e naves espaciais que retornavam dos voos pelo espaço. Em 1969 – conta-nos com orgulho –, resgatou o astronauta Volynov em condições extremas de temperatura (-38 °C) e depois o equipamento da nave soviético-americana Soyuz-Apollo.

Fala-nos de sua participação na guerra russo-afegã como conselheiro para a Força Aérea junto ao comando-geral, de quando arriscou a vida e foi condecorado, ao passo que muitos de seus companheiros morreram. Até alguns anos antes, havia sido vice-diretor da Casa Central da Força Aérea, museu moscovita dedicado aos mais célebres pilotos e astronautas soviéticos. Portanto, conhece cada herói e heroína que engrandeceu a Rússia nos céus, em todas as épocas e situações e, por conseguinte, também a última bruxa ainda viva: chama-se Irina Rakobolskaya – informa-nos – e tem 96 anos. Foi vice-comandante do regimento 588 e chefe da equipe.

Fala-nos dela com absoluta admiração e reverência, usando palavras e expressões já em desuso. Ele nos diz que ficaria feliz de nos apresentar a ela se quisermos conhecê-la; pode acompanhar-nos até o apartamento dela na tarde seguinte. Se quisermos? Eleonora e eu estamos no sétimo céu. Cancelamos um compromisso, renunciamos à *bania*, típica sauna russa, estamos prontas a qualquer momento para a bruxa – respondemos – e levamos conosco uma longa lista de perguntas. Lemos muito sobre elas, e há muitas coisas que ainda queremos saber.

Irina mora no bairro da universidade, em um prédio vizinho ao arranha-céu da MGU (Moskovski Gosudarstvenny Universitet, a Universidade Estatal de Moscou) – uma das "sete irmãs", construções-símbolo da arquitetura stalinista. Depois de quatro anos de guerra, pediu baixa do exército e retomou os estudos. Em seguida, lecionou física, tornou-se uma importante acadêmica justamente naquele mastodôntico e solene edifício e, como grande parte dos professores, continuou vivendo no apartamento que lhe fora atribuído.

A sede da MGU é realmente majestosa, com a grande escadaria, as colunas, os pináculos, os símbolos do regime durante o qual foi construída. Sou fascinada pelos dois grupos de esculturas nas laterais da grande escadaria de entrada, que representam a indivisível relação entre povo e cultura, bem como a igualdade entre homens e mulheres que o stalinismo afirmava perseguir. De um lado, um operário da construção civil com a colher de pedreiro está esculpido junto a uma estudante. Do outro, um estudante com um livro é representado ao lado de uma colcoziana com a foice e as espigas.

Quando entramos no átrio do prédio onde mora Irina – grandioso e decadente, com o inconfundível odor de sopa, o carpete descolado e as paredes descascadas –, percebo que estou emocionada e, ao avistar, atrás de uma longa mesa, uma porteira carrancuda que parece ter saído diretamente das páginas de O Zero e o Infinito, temo que um novo *niet* anule o encontro. Mas Eleonora a cumprimenta cordialmente, e Vladimir Aleksandrovitch é incisivo ao anunciar:

— Vamos ao apartamento de Irina Rakobolskaya.

Podemos subir ao primeiro andar e bater à sua porta.

Ali está a bruxa, sentada em seu sofá-cama, com dois xales de fina lã de Orenburg, os cabelos brancos sob um gorro de lã e óculos espessos que não escondem o olhar vivo e a cordialidade simples dos russos. Não perde muito tempo com as formalidades, convida-nos a sentar e se mostra disponível. Faz apenas uma premissa. Sobre as bruxas – diz – foram contadas muitas lorotas, mas uma acima de todas a irritou: "Escreveram que também havia homens no nosso regimento. Não é verdade, éramos todas mulheres e assim permanecemos até o final. Não deem ouvidos a quem diz o contrário". Depois, começa a contar.

Passamos muitas tardes com Irina. Voltamos a Moscou para conversar com ela após essa primeira vez. E Irina nos dedicou seu tempo, mostrou-nos livros, fotografias, mapas. Ofereceu-nos chá, tortas e frutas. Falou-nos de seus filhos. Confessou-nos que, na sua idade, gosta somente de doces e flores. Ao final dos encontros, eu saía com uma sensação de plenitude que tomava minha cabeça, meu coração e meu estômago. Não era necessário fazer-lhe perguntas. Eu sempre preenchia dezenas de folhas com perguntas antes de chegar ao seu apartamento, mas nunca olhava para elas. Era Irina quem decidia o que queria nos dizer e o momento certo para fazê-lo. E era sempre ela a decidir quando era hora de parar para recobrar o fôlego e ir até a cozinha para tomar chá ou quando era importante ilustrar um relato com uma foto ou um documento. Então, com a ajuda de uma bengala, levantava-se do sofá-cama, abria o armário ou vasculhava uma gaveta. Um dia, mostrou-nos sua coleção de gorros de lã. A cada encontro usava um diferente. Em outro dia, mostrou-nos um bichinho de pelúcia, em cuja barriga tinha escondido uma reserva de bombons. Nunca os ofereceu a nós. "Deve ser mesmo uma gulosa", pensei. E vi que sorria, sorria com frequência, de si mesma e de suas lembranças.

Em voo

Por sorte, não há neblina. Até o último instante, Irina achou que a névoa pudesse baixar de repente, como costumava acontecer naquela porção de terra soviética, inserida entre três mares. Porém, como programado, o avião pôde decolar. Ela é a navegadora. Antes de partir, verificou o mapa que tem sobre os joelhos e agora olha para baixo. Ali está o rio, ao lado o pomar, depois algumas casas – os camponeses fugiram ou foram mortos –, em seguida uma mancha larga e escura, o bosque. Segundo as indicações, o inimigo estaria acampado justamente ao lado das casas, das quais seu comando deve ter se apropriado. Veem-se algumas pequenas luzes, provavelmente fogueiras; os alemães que caminharam o dia inteiro devem estar se aquecendo.

Larissa é uma pilota hábil, uma das mais experientes do regimento. Inscreveu-se muito jovem no aeroclube de Saratov e, em 1940, ainda com 20 anos, foi a Moscou para frequentar o Instituto de Aviação. A guerra não a pegou despreparada; conhecia a grande Marina Raskova, que foi quem a chamou.

A convocação lhe pareceu um milagre: ela, que desde pequena cultivara o sonho de voar, agora era chamada a fazê-lo ao lado de seu mito.

Pilota o avião com tranquilidade, pode alcançar até 120 quilômetros por hora; falta pouco mais de meia hora para chegar ao destino. Irina, no banco de trás, observa as mãos de Larissa acionando os comandos, levantando as alavancas e manejando o manche com perícia. Nem mesmo o Cáucaso parece preocupar a pilota, que mantém sua lúcida serenidade até diante das montanhas que se erguem como bastiões, formando barreiras que parecem engolir os pequenos aviões. Não a assustam os ventos úmidos que vêm do mar Negro e as sacodem, nem as nuvens que, em um incessante movimento, mudam de um instante para outro a visibilidade, nem a neblina que se ergue, densa e veloz, tampouco as fendas e as rochas traiçoeiras.

Chegaram. As duas moças estão muito próximas, uma atrás da outra. Podem tocar-se na pequena cabine, mas se comunicam apenas através de um tubo de borracha, pois suas vozes são cobertas pelo ronco do motor.

Irina verifica o mapa mais uma vez, olha a bússola, não pode errar.

— Comece a descer — diz, depois de cerca de meia hora de voo. — Precisamos ver melhor.

Larissa desce mais. Estão a 700 metros. Mais um pouco e alguém poderia enxergá-las do solo; melhor apagar as luzes, é inútil arriscar.

Agora as casas podem ser vistas com clareza, assim como as árvores do pomar. Para não serem ouvidas, também desligam os motores. "Será que os camponeses conseguiram colher as maçãs a tempo?", surpreende-se a pensar Irina, enquanto aperta a corda que comanda a liberação das bombas que estão na barriga do biplano. Em poucos segundos, vai puxá-la, um compartimento se abrirá, e os explosivos cairão no acampamento inimigo.

Estão a quase 500 metros. Têm poucos segundos disponíveis para concluir a missão, o tempo exato para lançarem tochas que vão iluminar o terreno. Chamam-se Sab, estão ligadas a pequenos paraquedas e, ao descerem, iluminarão o alvo. É preciso andar rápido, muito rápido. Após as Sab, Irina tem de desengatar as bombas e, ao mesmo tempo, Larissa precisa estar pronta para mergulhar de cabeça, sem descer a menos de 400 metros, para depois religar o motor, tornar a ganhar altura e subir rumo à lua.

Pronto, a tocha iluminou o terreno, Irina consegue ver claramente, é chegada a hora: puxa a corda que segurou no colo até aquele momento, e o compartimento disposto sob a barriga do avião, onde estão as bombas, se abre. Mais alguns segundos, depois o estrondo, são ofuscadas por uma luz, mas não veem o fogo nem as chamas porque já estão subindo novamente. Seiscentos, depois setecentos metros, vão rápido, com a máxima velocidade possível; precisam ficar invisíveis.

Feixes de luz rasgam o céu. Na terra, o inimigo ligou os refletores. Se as luzes alcançarem o avião, será o fim de Larissa e Irina: a artilharia antiaérea inimiga é potente e precisa, dificilmente errará um alvo tão lento. Na noite anterior, quando entrou em ação, o biplano foi obrigado a realizar um *slalom* entre as nuvens, e elas temeram o pior. Se tivessem sido atingidas, não teriam conseguido deixar o bimotor: não têm paraquedas, isso não é previsto. De resto, lançar-se em território inimigo e ser capturado pela *Wehrmacht* é pior do que morrer. Resta apenas tentar esquivar-se dos ataques. Por sorte, o Polikarpov, avião em que estão, não é veloz, mas é pequeno e de fácil manejo; pode desviar-se com prontidão e fugir para cima com agilidade.

Voltaram a mil metros, onde estão mais seguras. Quem ativa os refletores em terra também sabe disso. Agora o inimigo tem a certeza de que outros aviões, outras bombas chegarão em intervalos regulares de cinco, dez minutos, e de que o bombardeio vai durar a noite inteira. E de que será veloz e incansável.

Larissa está concentrada na direção. Nada em seu rosto demonstra emoção ou cansaço. Faz apenas um aceno com a mão para dizer: "Conseguimos". Irina percebe a tensão que ainda oprime o corpo da amiga.

— Descanse, Larissa. Deixe que eu assumo o comando — lhe diz.

A mente precisa estar concentrada e ser veloz para recalcular o percurso que as levará de volta ao aeródromo. Mas nessa noite o céu está límpido, e a lua desponta o suficiente para fazer brilhar a faixa de rio que indica a direção rumo à base, ao lar. É possível retornar voando sem o auxílio de instrumentos, o que não é comum acontecer. Depois de uma virada decidida, Irina identifica a conhecida sinuosidade do rio, segue sua curva e guia o dócil Polikarpov pelo caminho de volta. Mais vinte minutos e logo virá a aterrissagem, ágil como a decolagem, no pequeno aeroporto entre os campos, do qual partiram.

Marya, a encarregada dos armamentos que montou as bombas, corre ao encontro delas, olha o compartimento vazio sob o avião e as cumprimenta. A nova carga já está pronta. Enquanto Larissa e Irina descem, ouvem o ronco de outro biplano que está partindo. Dentro dele estão Nadya e Valentina. Em seguida, será a vez de Dina e Yevgueniya, já prontas na pista. Yevgueniya as cumprimenta agitando a mão e com um sorriso sereno. Quando está para voar, seu rosto se ilumina porque – conforme diz – gosta de se aproximar das estrelas. Ali se sente mais à vontade do que em terra. Irina vê Sonya carregando as bombas sob a barriga do avião – desta vez são menores e mais numerosas – e Olga verificando o combustível. Irina e Larissa precisam esperar o próximo turno e podem descansar um pouco. Se conseguirem. A cabeça lateja, nas pernas ainda vibra um tremor difícil de controlar, e o estômago está apertado como se estivesse em um torno. No entanto, seria melhor se dormissem pelo menos uma hora antes de partirem novamente. É outono avançado, as noites são longas, e cada avião pode fazer seis ou sete voos. Ao redor delas, no aeroporto improvisado, os Polikarpov em fila, um após o outro, esperam para decolar. Já os barracões onde uma cama as espera estão distantes, não vale a pena ir até eles. Irina pega uma coberta e se deita debaixo das asas de um avião.

Larissa lhe oferece um pequeno travesseiro. Alguém bordou nele miosótis com linha azul. Coloca-o debaixo da cabeça e adormece no mesmo instante.

Está quase escuro no apartamento da rua Leninskie Gory. Irina acabou de narrar um dos 23 mil voos realizados pelas bruxas nos quase quatro anos da Grande Guerra Patriótica. Tem nas mãos uma pequena maquete de madeira de um Polikarpov, que mantém no criado-mudo ao lado da sua cama, junto com os remédios e uma garrafa d'água. Como uma criança brincando, ela o leva para cima e para baixo durante o relato, imitando o voo noturno, os mergulhos de cabeça, as subidas.

Descreveu em detalhes as noites de guerra, seus gestos e os de sua colega. Observei-a com atenção: não tem o rosto comovido de uma idosa que relembra suas experiências mais emocionantes, mas antes o da docente que quer explicar direito, sem negligenciar nenhum dado para que os alunos entendam e, sobretudo, para que não entendam errado. Vladimir Aleksandrovitch e eu permanecemos mudos e imóveis enquanto durou o relato. Eleonora traduziu, com a voz por vezes interrompida pela emoção. Nem abri o caderno no qual deveria fazer anotações. Quando Irina para de falar, olha-nos satisfeita e alegre. Se queria nos impressionar, conseg

Era uma vez...

Quando volto a Roma, posso dizer que tenho uma bela história para contar. Uma história fascinante, que, nas palavras de Irina, revelou-se mais extraordinária do que eu poderia imaginar. Agora tenho de decidir como transmiti-la, como escrevê-la, e isso, mais uma vez, é difícil. Preciso descrever uma guerra, um conflito fundamental da história soviética. Toda guerra – ainda mais a Grande Guerra Patriótica – pode ser contada de duas maneiras. Como fizeram, por exemplo, Vassili Grossman em *Vida e Destino* e Grigory Baklanov em *Um Palmo de Terra* ou em *Sob o Céu de Julho*, que descrevem horror, sangue, imundície, desespero, traição, repulsa, ódio, medo, dor, terror; ou então colocando tudo isso de lado, concentrando a atenção na disciplina, na ordem, nas batalhas, nas conquistas, no método, na tenacidade e, por fim, naturalmente, na vitória. Seguem essa lógica as grandes narrações dos homens que estavam no comando – sejam eles estadistas ou militares –, mas também os relatos de veteranos de guerra, os ex-soldados que, a anos de distância, recordam a vida no exército e suas batalhas.

No primeiro caso, quando se conta a guerra com todos os seus horrores, os homens parecem submetidos a um destino maior do que eles, a uma história que os domina e os esmaga, apagando sua voz. No segundo, pelo menos em aparência, são suas ações a determinar a guerra e a conduzir os acontecimentos. Mesmo que não sejam heróis, não tenham papéis de comando e sofram ou morram, sua sorte participa de um destino mais geral que ilumina seu significado e os torna protagonistas da história. Ao me contar sua vida no Exército Vermelho e sua chegada em Auschwitz, em 1945, Ivan Martinushkin foi minucioso na narração da preparação militar e da vida cotidiana na linha de frente, mas evitou todo relato cruel e omitiu o lado obscuro.

Buscando uma reação emocionalmente mais forte, perguntei-lhe quais foram seus sentimentos diante da descoberta do campo de extermínio. Com admirável sinceridade, ele me respondeu:

— Eu vinha da Rússia, tinha atravessado a Ucrânia, as terras que os alemães haviam ocupado; tinha visto cenas terríveis, sofrimentos inauditos. Naquele campo cercado, vi mais sofrimento... encontrei o horror. Mas nós éramos soldados, e seria impossível seguir adiante se a dor tomasse conta dos nossos pensamentos. Tínhamos uma missão importante: expulsar os soldados de Hitler da nossa pátria, derrotar os nazistas que haviam destruído nossos vilarejos, nossas casas. A compaixão era imensa, mas não podíamos parar; a dor era grande, mas tínhamos de mantê-la na superfície do coração. Fizemos de tudo para evitar que penetrasse fundo.

O relato de Irina não se insere em nenhum dos dois esquemas. Em Roma, ao rever as anotações e ouvir novamente as gravações, percebo como ele é controlado e harmonioso. Nele se encontram os sentimentos, o sofrimento e o luto, mas também a pátria, o socialismo, a disciplina e a vitória; o patriotismo, mas também a ironia; a raiva junto com a sabedoria. Nele se encontra a amizade. E, muito forte, o impulso à conquista da igualdade com o homem, tão desejada que leva à escolha de morrer para obtê-la – e isso não é retórica.

Sinto que, ao narrar esse impulso, é fácil romper o equilíbrio, comprometer a sabedoria da bruxa e conduzir sua história por uma vertente errada ou, pelo menos, não totalmente verdadeira. Há todos os ingredientes perigosos, que podem fazer desta uma narrativa hagiográfica. Basta apontar para o heroísmo e o patriotismo, e pronto. Mas também existem, podem existir todos os ingredientes para uma história de sofrimento, de luto, de crueldade. Irina e suas amigas podem facilmente parecer vítimas de um episódio controlado por outras pessoas. Vítimas do acaso, da brutalidade alheia. Mulheres que, não violentas "por natureza", foram obrigadas a tornar-se violentas. E isso também não é verdade.

Durante alguns meses, uma questão me atormenta, e me dou conta de que, para quem lê, ela pode parecer secundária. Não o é, porque se entrelaça com outra, igualmente importante. Ouvi da viva voz de uma mulher inteligente, perspicaz e lúcida suas memórias. Enquanto ela falava, pensei que, quando morresse, não haveria ninguém mais para narrá-las diretamente. Que talvez Eleonora e eu fôssemos as últimas a poder gozar desse privilégio. Porém, sei que a memória – até a melhor delas – seleciona, apaga, sobrepõe.

Mais uma vez, recebo os conselhos de duas escritoras. Em seu *Ivan's War*, a historiadora inglesa Catherine Merridale entrevistou duzentos soldados do Exército Vermelho e constatou como a censura interna, de um lado, e a ideologia, de outro, podem influenciar fortemente a memória, que só retém o que quer ou o que pode reter. Ou então o que ajuda a viver melhor. E, mais uma vez, Svetlana Aleksiévitch, que, ao buscar a memória feminina da guerra, também constatou medos e recalques.

Irina me pareceu tão segura das suas lembranças, soube entrelaçar tão bem sofrimento e patriotismo, abnegação e compreensão dos fatos! No entanto, uma pergunta se impõe: com quais mecanismos mais ou menos conscientes realizou sua seleção? Quantas coisas calou, reprimiu ou considerou não essenciais? Cabe a mim – com respeito e equilíbrio – reconstruir partes de sua história, analisar, para além do fascinante recinto da memória individual, um episódio que é não apenas individual, mas também de um grupo inteiro. Com a ajuda de Irina, tenho de reconstruir uma aventura coletiva, a aventura das bruxas da noite.

Um exercício arriscado e difícil.

E eis que recebo um telefonema. É Costanza, minha neta de 4 anos. Ao telefone, grita como as velhinhas um pouco surdas, que não conseguem entender que é possível falar a distância sem precisar elevar o tom da voz.

— Alô? Vovó? Então, me conta a história das bruxas da noite?

O tom denota certo ressentimento.

Ela adora as bruxas. Nos contos de fada que lhe narro, são seus personagens preferidos. São elas: Brigite, que é pequena, malvada e cruel; Gertrudes, grande, poderosa e maléfica; e a Superbruxa, a mais assustadora de todas porque rouba os brinquedos das crianças. Obviamente, eu nunca lhe falei das bruxas da noite. Por um estranho acaso – na vida eles também existem –, enquanto ela passeava por uma rua de Roma, ouviu uma canção justamente sobre elas. Quem a cantava era Giampiero Milanetti, cantor, compositor e autor de um livro de fotos dedicado às *Nachthexen*, fruto de uma longa pesquisa. Minha neta gostou muito dessa canção, e sua mãe lhe disse que a vovó também estava escrevendo sobre as bruxas.

Agora ela está meio brava comigo porque desconfia que escondi dela uma história fascinante.

— Sim, claro que te conto — respondo-lhe, e começo: — Bom, as bruxas da noite eram...

— Não, não... — disse em tom exasperado. — Os contos de fada começam com "era uma vez...".

Claro, tem razão, todas as histórias que se prezam começam assim. Pega de surpresa, esqueci uma parte fundamental do rito, no qual Costanza não admite modificações nem desatenções. Recomeço.

— Era uma vez um rei muito mau, que matava todos de quem não gostava. Esse rei, que se chamava Adolfo e era realmente muito, muito mau, tinha decidido conquistar o país vizinho porque queria todas as suas riquezas...

Conto-lhe sobre as vitórias de Adolfo, das derrotas do outro rei, José, que também era malvado, dos muitos soldados que a duras penas tentavam impedir que Adolfo tomasse conta do país. Conto-lhe que os homens e as mulheres do grande país iam ficando cada vez mais pobres, que as crianças não tinham comida nem brinquedos.

— O malvado Adolfo — continuo, enquanto do outro lado do telefone o silêncio é absoluto — estava quase entrando no palácio real quando um grupo de garotas bonitas e corajosas decidiu arriscar-se para defender seu país e derrotar Adolfo, visto que o rei e os soldados homens não eram suficientes. Os homens riram delas: "Vocês nunca vão conseguir", diziam, "não sabem lutar, são jovens demais". Porém, às escondidas, elas pegaram alguns aviões, tão pequenos que pareciam até de brinquedo, e à noite, enquanto Adolfo e os soldados dormiam, começaram a atacar do alto. Subiam e desciam no céu. Adolfo e seus soldados ficaram com medo, pois as garotas eram muito fortes e corajosas. Mais do que os soldados, mais do que os homens com os canhões. Chegavam quando ninguém estava esperando. Justamente como as bruxas.

Termino a história com um final feliz que, para satisfazer Costanza, geralmente prevê um sorvete de chocolate para os bons, enquanto os maus ficam com a boca seca. Agora ela está contente, e eu também, repentinamente, me sinto mais tranquila.

Não sei o que aconteceu. Se foi graças à adoração da avó pela neta prepotente e cheia de imaginação ou – de modo mais banal – à simplificação que Costanza me obrigou a realizar, o fato é que o traçado da narrativa tornou-se claro para mim: sem me dar conta, resolvi o problema que havia dias me atormentava.

Tenho de narrar um conto de fadas – duro, atroz, cruel como todos os contos de fadas – de um grupo de jovens que queria a todo custo uma igualdade que parecia impossível, uma emancipação que superava todos os limites e que, ao final, conseguiram. Ao seu país e à história, mandaram a mensagem de que "as mulheres podem tudo". Eram tão fortes que, na imaginação de quem as combatia, se tornaram mágicas e misteriosas como as bruxas. Sim, é isso, não há mesmo outro modo de contar a verdade de uma história a não ser com "era uma vez...".

"Corram, Molotov vai falar!"

— Liguem imediatamente o rádio! Daqui pouco o companheiro Molotov vai falar.

É junho, um mês mágico em Moscou. Desaparecida a lama da primavera, lembro-me do já distante gelo do inverno. O ar é invadido pelo perfume dos lilases e dos lírios-do-vale que florescem por toda parte e são vendidos e comprados em pequenos maços nas esquinas. As noites são longas, não como no norte do país, mas o suficiente para que os moscovitas possam desfrutá-la, aliviados das camadas de lã que os oprimiram durante o inverno.

Para Irina, junho de 1941 é um mês particularmente feliz. Está terminando o triênio de física e preparando seu trabalho de conclusão de curso. Falta pouco para encerrar os estudos, para o momento em que deixará de pesar na magra balança da mãe. A pátria socialista lhe oferecerá um trabalho e sua vida mudará.

Nessa manhã, foi com a amiga Elena ao Instituto de Patologia Médica para propor a um ilustre acadêmico um projeto de tese sobre a relação entre a física e a medicina. O professor a acolheu com boa vontade. "Uma tese ousada e interessante", disse, e as duas amigas se sentiram aliviadas. A entrevista teria continuado, e o trabalho de ambas teria sido apresentado com mais detalhes se eles não tivessem sido interrompidos por aqueles gritos no corredor, seguidos pelo barulho das portas abrindo-se e fechando-se, de pessoas correndo e por vozes entrecruzando-se fora da sala. Dura um segundo. Irina e Elena trocam olhares de compreensão e desculpas com o professor, tornam a calçar os sapatos que haviam deixado na soleira e saem da faculdade para correr na rua Mochovaia, rumo à sede da antiga universidade estatal, desejada pela imperatriz Elisabete. Ao chegarem, a rua já está repleta de estudantes que se dirigem à entrada, sob a estátua do cientista Mikhail Vasilievitch Lomonosov, que dá nome ao ateneu. Ali ouvirão dos alto-falantes o discurso de Molotov.

Há muita confusão nos pequenos jardins em frente à entrada: Molotov é o número dois no Kremlin, o homem a quem Stalin confiou a política externa; o pacto de não beligerância com os alemães, assinado apenas dois anos antes, leva seu nome. Se Molotov decidiu falar à nação, é porque deve ter acontecido alguma coisa importante.

Pontualmente se difunde a voz de Yuri Levitan, o mais conhecido locutor soviético, que anuncia "uma comunicação importante do ministro das Relações Exteriores, companheiro Molotov". Sob a estátua de Lomonosov, o silêncio é absoluto e invade como uma onda as ruas e as praças. Moscou está concentrada e imóvel, seus habitantes param e aguçam os ouvidos para o alto-falante mais próximo, aumentam o volume dos rádios, todos sintonizados na mesma frequência.

— Às quatro horas desta manhã — inicia o comissário do povo para os assuntos estrangeiros —, sem nenhuma declaração de guerra e sem que antes tenha sido feita qualquer reclamação à União Soviética, as tropas alemãs atacaram nossas fronteiras e nos bombardearam do céu...

A voz do companheiro Molotov mantém um tom burocrático, artificialmente pacato, mas as palavras são pesadas. "Os alemães estão nos atacando, é a guerra", pensam os rapazes e as moças reunidos a poucas centenas de metros da Praça Vermelha. Estão surpresos, espantados, desconcertados: que fim levou o pacto de não agressão?

Como se sabe, Stalin e Molotov nunca acreditaram na possibilidade do conflito. Apenas uma semana antes, o homem que os estudantes tinham acabado de ouvir no rádio pronunciara um discurso bem diferente. Com tom tranquilizador, dissera que os rumores de uma ruptura do pacto com a Alemanha eram totalmente infundados. Até aquele anúncio, quem havia colocado em dúvida a lealdade do Terceiro *Reich* tinha sido visto como traidor.

De repente, tudo mudou. Irina e seus colegas sentem a tensão se elevar. Não sabem quanto os máximos dirigentes do Estado foram pegos de surpresa; que na madrugada do doce dia de junho que marca a chegada do verão, às quatro da manhã, a artilharia alemã começou a atacar; que Stalin ordenou contra-atacar apenas quatro horas depois. Não sabem, por fim, que naquela manhã em que ouviram o anúncio da guerra a *Luftwaffe* tinha abatido mais de 1.800 aviões, que estava sobrevoando os territórios soviéticos e que as tropas do *Führer* já tinham atravessado as fronteiras.

A perplexidade dos estudantes dura pouco. Se por um lado nenhum deles jamais pensou de fato em um conflito iminente e, menos ainda, na invasão alemã, por outro, desde pequenos foram educados para desconfiar dos países ocidentais e para pensar que a pátria socialista poderia ser atacada a qualquer momento. Estavam habituados à ideia de uma guerra e foram instruídos para enfrentá-la. Quase todos, homens e mulheres, frequentaram cursos de artilharia, paraquedismo e voo, aprenderam a carregar fuzis e a cuidar de feridas. Naquele momento, aquilo que parecia um possível futuro tornava-se um presente concreto, e eles nada mais tinham a fazer a não ser organizar-se e dar uma resposta.

Irina olha para Elena. Já não chega nenhuma voz do rádio. Decidem, então, ir à sede do Komsomol, a liga dos jovens comunistas. Ali saberão mais, receberão instruções. O verão, que começou com um triunfante solstício, já se coloriu de tintas mais escuras. E a vida delas, conforme Irina imediatamente intui, já não seguirá o curso imaginado.

Não que a vida da jovem estudante de física até aquele momento tenha sido fácil, mas podia ser definida como dura de uma maneira feliz, como a de quase todos os universitários moscovitas.

Irina é filha de um professor de física, morto quando ela ainda era criança. O salário da mãe professora dava apenas para ela e sua irmã sobreviverem. Tinha à disposição um rublo por dia, e com esse dinheiro podia conceder-se somente um prato de vegetais no almoço. Já não aguentava mais comer só vegetais e se queixava disso, mas sabia que sua mãe não podia oferecer mais do que isso. Assim, com sua amiga Elena, também filha de um professor universitário, era capaz de renunciar por um dia à magra refeição para tomar um sorvete no dia seguinte. O sorvete e um par de sapatos velhos de sua tia bastavam para deixá-la satisfeita com a vida e convencida de que as coisas melhorariam em um futuro não muito distante.

Quem já esteve em alguma assembleia universitária em um momento turbulento da história não terá dificuldade para imaginar como foi a reunião dos jovens do Komsomol logo após o anúncio da invasão. Apenas o modelo de disciplina do Partido consegue moderar a excitação, a desordem, a perturbação, a incontrolável chamada à ação. Todos os estudantes se declaram à disposição, prontos a fazer o que a pátria decidir. Com efeito, nas semanas seguintes, vão colher o grão no lugar dos camponeses que partem para a linha de frente, cavam trincheiras, galerias e fossos para defender sua cidade, erguem barreiras com terra e areia e seguem como podem o curso dos acontecimentos: os responsáveis do Partido e o rádio são suas fontes de informação.

Justamente em um dia de julho, enquanto Irina, Elena e algumas colcozianas estão guardando feixes de grãos, o rádio transmite uma nova mensagem, desta vez de Josef Stalin. O trabalho nos campos é interrompido para que todos ouçam a voz do paizinho.

— Irmãos e irmãs — assim Stalin se dirige a seu povo, e é o que basta para fazer entender a gravidade do momento. Irina e Elena ficam sabendo o que até então apenas se murmurava. — A pérfida agressão militar por parte da Alemanha hitlerista contra a nossa pátria, iniciada em 22 de junho, continua — diz Stalin. — Não obstante a heroica resistência do Exército Vermelho, não obstante o fato de que as melhores divisões do inimigo e de sua Força Aérea já tenham sido derrotadas e encontrado seu túmulo nos campos de batalha, o invasor continua a avançar, lançando novas forças à linha de frente. As tropas hitleristas conseguiram ocupar a Lituânia, uma parte considerável da Letônia, a parte ocidental da Bielorrússia e uma parte da Ucrânia ocidental. A Força Aérea nazista está ampliando sua esfera de ação e bombardeando Murmansk, Orsha, Mogilev, Smolensk, Kiev, Odessa e Sebastopol. Sobre nossa pátria pesa um grave perigo.

O chefe do Partido incita à luta e se diz seguro da vitória, mas não esconde a extrema dificuldade do momento.

Com o final do verão, Irina retorna a Moscou, como muitos de seus colegas. Na capital respira-se agitação e medo. As tropas alemãs estão se aproximando; passados apenas três meses do início das hostilidades, já chegaram a sessenta quilômetros do Kremlin, e parece que nada nem ninguém consegue detê-las: apostam em uma guerra rápida e em uma vitória esmagadora.

Moscou organiza a resistência. Os estudantes treinam o uso das armas, frequentam cursos para enfermeiros. A essa altura, Irina pensa cada vez menos nos seus estudos. Parece que se passaram três anos, e não três meses, desde o dia em que falou com o professor de patologia sobre sua tese. Muitas vezes, enquanto ainda tentava assistir a algumas aulas, perguntou-se: "Para que servem hoje os físicos e os matemáticos?".

Não é a única a ter dúvidas do tipo nesse início de outono, quando os alemães já ocuparam uma parte tão extensa do território russo. A inutilidade dos estudos torna-se uma convicção difundida entre os jovens universitários, que preferem abarrotar os centros de alistamento pedindo para ir à linha de frente.

Um dia, perto da Biblioteca Lenin, Irina encontra Yevgueniya Rudneva, estudante de astronomia com quem havia partilhado alguns cursos. Zhenya, como carinhosamente é chamada, é baixinha, loura, com ar frágil e indefeso. Seus colegas zombam dela por estar sempre com a cabeça nas nuvens – ou melhor, entre as constelações – e porque sua obstinação nos esportes não resulta em sucesso algum. Porém, trabalha para o Komsomol, é pragmática, eficiente e não foge nem mesmo das atividades de propaganda mais simples e entediantes. Zhenya lhe diz que decidiu interromper os estudos, ainda que as estrelas lhe façam muita falta. Já anunciou essa decisão ao docente que a orienta na tese de conclusão de curso. "Se a pátria não for livre", escreveu-lhe, "nem mesmo a ciência poderá sê-lo." Agora vai fazer de tudo para alistar-se, embora "no esporte eu seja um zero à esquerda", conclui com pesar.

O gravador continua ligado enquanto Irina fala, e nós ouvimos em silêncio. Ela não diz, mas está claro que esse encontro com Zhenya marca um ponto de virada: depois de ter falado com a amiga, ela também abandona o estudo da física. A três quartos de século de distância, a tensão e a inquietação daqueles dias de início de outono ainda são sentidas no apartamento de Irina. Segundo narra a velha senhora, Moscou estava no escuro; brilhavam apenas as luzes da artilharia antiaérea, esvaziavam-se as fábricas e as universidades, milhares deixavam a cidade, que se tornara pouco segura e na qual faltavam alimentos, remédios e lenha. Quem permanecia sabia que teria de adaptar-se a uma situação muito dura.

Todos os dias, a emissora de rádio exortava os moscovitas a ir embora; dizia-se que até mesmo Stalin tinha a intenção de partir. E então, o que aconteceria? Hitler seria bem-sucedido naquilo que Napoleão fracassara?

Irina gosta do suspense. Vê-se que desde jovem aprecia o teatro e que encontrou em nós espectadoras atentas e participativas. Na atmosfera dramática de seu relato, repleta de expectativa, espero a qualquer momento um salto, uma mudança repentina: e, de fato, sua história alça voo, mas não na direção que eu havia imaginado.

Truffaut em Moscou

Irina, Dimitri e Mikhail passam juntos boa parte de seus dias. Lembram os três personagens de *Jules e Jim*, célebre filme de Truffaut, a não ser pelo fato de que sua vida não se passa na Montparnasse parisiense e sim nos bairros de Moscou, ameaçada pela *Wehrmacht*. Os três são cultos e movidos pela paixão, fazem parte do Komsomol e são – ou melhor, eram – estudantes de física. Agora querem partir o mais rápido possível para a linha de frente.

Depois de terem trabalhado no campo e nos canteiros de obra da cidade, aguardam as instruções. Em Moscou, no outono de 1941, com certeza não falta o que fazer. No momento, os estudantes estão empenhados na difícil tarefa de "camuflar a cidade". Desde a manhã até a noite, cobrem os telhados, redesenham as ruas com barricadas, ocultam os lugares mais importantes, pintam de cinza as cúpulas douradas das igrejas. Fazem de tudo para dificultar o reconhecimento dos objetivos mais delicados e para ajudar os habitantes a fugir com mais facilidade das metralhadoras e bombas da *Luftwaffe*.

A amizade entre Irina, Dimitri e Mikhail não se limita às horas de trabalho cotidiano. Têm muito em comum, gostam uns dos outros e, pelas ruas de Moscou, falam de tudo, riem, brincam, fazem planos. Dotados de um discreto espírito crítico e até mesmo de certa ousadia, fazem críticas à organização da defesa, às autoridades demasiado lentas ao alistar os jovens, às estratégias dos generais e dos dirigentes do Partido. Comentam com perplexidade as notícias da guerra, confrontam os fatos e sabem muito mais do que aquilo que é oficialmente difundido. Sabem, por exemplo – e Irina é a mais indignada com isso – que quando o Exército Vermelho consegue libertar seus soldados prisioneiros dos alemães, manda-os para os *gulags*. Considera-os traidores só porque caíram nas mãos inimigas, desertores só porque não foram mortos.

— Quem tem o pior comportamento: os alemães ou nós? — pergunta Irina a seus amigos.

Debatem, debatem, debatem e sentem atração uns pelos outros. Assim como Jules e Jim se apaixonam por Catherine, Dimitri e Mikhail se apaixonam por Irina. Admiram sua longa trança preta, os olhos cor de avelã, o corpo ágil que escala por toda parte, as pernas velozes que não renunciam às caminhadas mais cansativas, sua paixão pelo teatro e pelo paraquedismo, a coragem com que exprime também as opiniões mais incômodas, as observações irônicas que não poupam professores nem dirigentes políticos. Todavia nenhum dos dois ousou algum dia declarar-se.

Quanto a Irina, ela gosta de ambos, acha que está apaixonada, mas não sabe exatamente por qual dos dois. Juntos, parecem-lhe perfeitos. De Dimitri gosta dos olhos escuros que a examinam em silêncio, a testa alta, o caráter reservado, a cortesia; é capaz de ouvi-lo por horas enquanto fala com entusiasmo das ondas de rádio ou do espectro eletromagnético. Quando se cala, porém, é difícil penetrar em seu silêncio, então ela tem a impressão de não conseguir compreendê-lo a fundo, como se ele usasse a gentileza para preservar uma parte de si, para mantê-la escondida. Nesses momentos, mesmo não sendo tímida, Irina sente certo desconforto. Mas, depois, basta que ele lhe faça alguma confidência para que tudo passe.

Com Mikhail a relação é mais simples. Mikhail é brilhante, extrovertido, mordaz. Irônico até o limite da perfídia, crítico sem timidez. Nesses dias, tem trabalhado com entusiasmo nos preparativos para a defesa de Moscou, mas não poupa críticas a ninguém, nem mesmo aos mandachuvas do Partido. Por que Josef Stalin confiou nos alemães até o último dia? E o que faziam aqueles grandes generais que pareciam tão espertos? Não ouviram quem não acreditava na palavra do aliado alemão e que, muito tempo antes, havia previsto a invasão – repete continuamente Mikhail a seus amigos.

Irina é atraída pelo magnetismo de seus olhos claros que, mesmo atrás de espessos óculos de míope, mostram uma argúcia impetuosa, e se diverte com os julgamentos implacáveis. Com ele se entende de imediato. Basta um olhar.

E é justamente Mikhail a romper um equilíbrio a três que parecia estável e alegre. Não – como alguém ingenuamente poderia supor – com uma declaração de amor ou com um beijo romântico, mas com uma frase a mais, um pequeno erro, uma gafe.

Irina e Mikhail caminham às margens do rio Moscou, rumo à Galeria Tretyakov. Os bombardeios estão se intensificando, e com isso cresce a preocupação com as maravilhas da arte russa, contidas nesses edifícios. Marcaram um encontro com Dimitri, que está demorando para chegar. Então, justamente para preencher o vazio da espera, Mikhail diz a Irina que seu amigo em comum não gosta de nenhuma das garotas que frequentam a Faculdade de Física e que chegou até a dizer-lhe:

— Não tem nenhuma pela qual me apaixonaria e com a qual gostaria de me casar. Não há nenhuma garota atraente.

— Nem mesmo Irina? — perguntou-lhe Mikhail.

— Nem mesmo por ela dá para se apaixonar — respondeu secamente Dimitri.

A conversa entre Dimitri e Mikhail tinha terminado ali, e no mesmo local, diante do portão da Galeria, termina aquela entre Mikhail e Irina. Parece um bate-papo como outro qualquer, talvez com uma ponta de malícia ou de provocação brincalhona por parte de Mikhail. Entre os três há realmente muita cumplicidade, e mesmo na presença de Irina os dois amigos costumavam zombar do caráter da companheira, de sua índole decidida, de suas obstinações. Riam do fato de ela jejuar por dois dias só para tomar sorvete, que preferia a um insípido prato de verdura. Comentavam seu desejo de ir para a linha de frente, onde, segundo ela dizia, seria mais competente do que muitos homens. Olharam-na com espanto e admiração quando ela pediu ao Komsomol turnos de trabalho e vigilância mais duros. Aceitaram suas críticas nos momentos em que demonstraram preguiça ou negligência. Foi ela quem insistiu para que abandonassem os estudos e se dedicassem de corpo e alma à defesa de Moscou. No final, concordaram que era o melhor a fazer.

No entanto, essa conversa leve e brincalhona muda tudo e rompe a sutil harmonia que sustentava a amizade e a despreocupada ambiguidade do trio.

Irina sorri ao relato de Mikhail, acolhe Dimitri com um abraço, mas em seu coração se sente ofendida.

Assim, começa a olhar com olhos diferentes o jovem que caminha ao seu lado e que, de vez em quando, de maneira desenvolta, lhe dá o braço.

Irina sabe que é atraente. Mesmo naqueles dias tenebrosos, dominados pelo medo da invasão, são muitos os rapazes que a cortejam, que mudam o turno de trabalho para ficar com ela e que lhe mandam mensagens, mas Irina – como Mikhail e Dimitri haviam entendido fazia tempo – não se deixa capturar por qualquer cortejador. Escolheu a amizade dos dois rapazes de que gosta mais e é com eles que passa seus dias. Mas agora se sente traída.

A amargura dura pouco. Irina não é do tipo que se deixa tomar pelo desconforto; quando muito, gosta da competição. Os dois homens, sem se darem conta, abriram o campo para um desafio: Dimitri acha que não vai se apaixonar? Vamos ver.

A partir desse momento, as relações mudam. Não na forma, pois permanecem afetuosos e sempre juntos, mas no fluxo misterioso que regula os sentimentos. Às vezes, Irina tenta ficar sozinha com Dimitri, pede-lhe conselho sobre uma coisa ou outra, fala com ele sobre os estudos de física; nas reuniões do Komsomol, senta-se ao seu lado e, quando passeiam, aperta seu braço um pouco mais do que de costume. Enfim, flerta abertamente sem negligenciar Mikhail, que não percebe nada.

Por alguns dias, o jogo a três se modifica. Os olhares entre Dimitri e Irina se intensificam, e Mikhail assume o papel do amigo afetuoso de um casal que se entende bem.

Certa noite, enquanto as bombas começam a cair sobre a cidade escura e os três jovens, nos subterrâneos do metrô, que se tornaram refúgio antiaéreo, se perguntam quanto tempo aquilo vai durar e se conseguiram camuflar bem os objetivos a eles atribuídos, a mão de Dimitri aperta com força a de Irina. E ela, de repente, se sente feliz e lhe sorri.

Ainda sorri, sob seu gorro engraçado, a velha senhora que narra a trama desse Jules e Jim *moscovita, enquanto o olhar se desloca para uma grande foto colocada sobre uma estante. Maior do que as outras, retrata um homem com idade entre 30 e 40 anos, moreno, atraente, de olhar pensativo. É Dimitri, fotografado alguns anos depois da guerra, quando já era professor de física. Irina se casou com ele e teve dois filhos. Faz dez anos que Dimitri se foi. Por alto, creio que viveram juntos mais de sessenta anos.*

Para a linha de frente, para a linha de frente!

A Irina cabe uma longa tarde de guarda na universidade. Já frio, o mês de outubro de 1941 anuncia um inverno mais rigoroso que o previsto, e ela não está de bom humor. Tenta ler o livro que sempre carrega consigo, mas não consegue; caminha de uma sala a outra para impedir que os pés congelem, aperta o xale de lã contra o corpo, ouve as vozes vindas das salas onde ainda são dadas algumas aulas.

Desde que o trio se separou, ela não consegue libertar-se de uma sensação de incômodo e inutilidade. Dimitri foi convocado e mandado para a linha de frente; ela não sabe onde ele está nem pode escrever-lhe. Quanto a Mikhail, ele mudou; o relacionamento com ele se tornou difícil, e ela quase não o encontra mais. Ao receber a notícia de que não poderia ir para a guerra por causa da forte miopia, o amigo se tornou cada vez mais amargo, cínico e até maldoso. Andava apenas com rapazes que, como ele, não tinham sido aceitos no centro de recrutamento, bebia alguns copos de vodca a mais e suas críticas, que antes eram inteligentes, transformaram-se em invectivas, injúrias e provocações. Um comportamento perigoso, que suscitava irritação e suspeita, e às vezes Irina temia por ele. Cedo ou tarde seria acusado de derrotismo, com sabe-se lá quais consequências.

Não é apenas a falta dos dois amigos a angustiá-la. A tristeza tem uma origem mais profunda, e ela a conhece bem. As reuniões do Komsomol, os turnos de guarda e o trabalho em defesa da cidade lhe parecem respostas míseras, inadequadas em relação ao que está acontecendo naquelas semanas, ao perigo que se aproxima cada vez mais a cada dia. A essa altura, poucas dezenas de quilômetros separam a *Wehrmacht* de Moscou, e Leningrado está sitiada há mais de dois meses. "Até mesmo a cidade de Pedro, de Lenin, de Pushkin, de Dostoievski, de Blok, a cidade da grande cultura e do trabalho é ameaçada de morte e vergonha pelo inimigo", dissera alguns dias antes, pelo rádio, Anna Akhmátova. As palavras e o apelo aflito da grande poetisa encheram seus olhos de lágrimas. Irina sabia muito bem quanto Anna era malvista por Stalin, que a obrigara ao silêncio e a ferira em seus afetos mais queridos sem, todavia, ter coragem de deportá-la. Portanto, deve ter sido o secretário do Partido, que sabia quanto os russos a amavam e o quanto a sua voz era popular e respeitada, a pedir-lhe para falar ao povo de Leningrado a fim de encorajá-lo em um dos momentos mais dramáticos do cerco. E esse era o sinal de uma situação desesperada.

Em seu discurso aflito e patriótico, Anna Akhmátova falou das mulheres que, "com simplicidade e coragem, defendem

Leningrado e sustentam sua rotineira vida humana... Nossos descendentes", disse, "honrarão e farão justiça a toda mãe da Guerra Patriótica, mas com particular força seus olhares serão atraídos pela mulher de Leningrado, que, durante os bombardeios, com arpéus e alicates em mãos, vai para os telhados defender a cidade do fogo; pela voluntária que auxilia os feridos em meio às ruínas ainda ardentes dos edifícios."

Enquanto ouve, Irina pensa que todos, inclusive as mulheres, deveriam ser chamados a um esforço supremo. Ela quer combater, mas ninguém a convocou. Falou sobre isso com suas amigas, estudantes como ela, igualmente decepcionadas e irritadas. Eram competentes na universidade, estavam prontas para ir trabalhar. Se não tivesse eclodido a guerra, teriam se tornado engenheiras, físicas, matemáticas. Também elas, como os homens, frequentaram os cursos para artilheiros, paraquedistas e pilotos. Também às mulheres foi ensinado que o inimigo estava de tocaia, que a guerra poderia eclodir, que era preciso estar prontas para a defesa da pátria. Nos últimos meses, trabalharam lado a lado com seus companheiros nos campos e nas fábricas, substituindo operários e camponeses com fervor e entusiasmo. Agora, as mulheres também deveriam ser enviadas para a linha de frente. Contudo, eram mandadas embora nos centros de alistamento, suas cartas não recebiam resposta, seus protestos caíam no vazio. A igualdade com o homem, que a pátria socialista havia prometido e na qual acreditaram, parou diante da guerra, que as quer apenas como esposas, mães, irmãs ou, no máximo, enfermeiras e telefonistas. Isso não é admissível. Para Irina, é insuportável.

Irrequieta, ainda está caminhando de um lado para o outro quando lhe entregam uma carta da direção do Komsomol. Não está endereçada a ela, mas à secretária dos jovens comunistas do bairro Krasnaya Presnya, empenhada em uma sala da universidade na seleção dos estudantes a serem recrutados para um batalhão de esquiadores. A secretária não quer ser incomodada e limita-se a um aceno: abra você.

Irina rasga o envelope e, por um instante, seu coração para na garganta. A carta não contém as habituais recomendações de vigilância nem as ordens para os turnos de guarda. É a convocação para uma reunião de urgência. O Komsomol comunica que o Exército Vermelho busca voluntárias para mandar à linha de frente. É simplesmente extraordinário; nunca aconteceu de pedirem às mulheres que fossem para a linha de frente. Irina sente que pode ser uma delas, quer ser uma das voluntárias. Sabe usar bem a metralhadora, sabe saltar de paraquedas. Por que não a convocariam? Essa carta lhe parece quase uma convocação pessoal.

A partir de então tudo acontece muito rápido. Obedece às ordens da secretária do distrito, divulga o comunicado, começa a fazer o que o Partido lhe pediu, mas, dentro dela, tudo está em alvoroço. Não se detém a pensar por que os altos comandos chegaram a essa decisão, qual gravidade ela pressupõe nem o que querem exatamente. Não faz perguntas. Nessa carta está escrito que as mulheres podem combater. Isso lhe basta.

Centenas respondem ao pedido do Komsomol. Depois de uma seleção criteriosa e rigorosa, comunicam-lhes que ingressarão na Força Aérea, em um grupo guiado por Marina Raskova. Podem ir para casa, preparar as mochilas e despedir-se da família. Irina e suas amigas estão entre as escolhidas, e a jovem física não está nem um pouco surpresa. Só podia ser assim.

No dia seguinte, dezenas de jovens mulheres dirigem-se à linha de metrô que leva à estação Dinamo.

Hoje, a algumas centenas de metros dessa estação, há enormes cruzes.

— Vocês com certeza as viram quando vieram do aeroporto — nos diz Irina. — Marcam o local em que uma coluna de motociclistas da Wehrmacht *foi agredida e destruída pelos moscovitas. As motocicletas passavam em fila, cada uma delas com sidecar (assento lateral), homens vestidos de cinza, avançando e metralhando. O povo de Moscou conseguiu detê-los.*

Na estação Dinamo, nossas moças descem do trem, sobem à superfície e percorrem a estrada que as separa da Academia Zhukovsky. A estrada serpenteia em meio às árvores e deixa entrever o perfil neoclássico do Palácio Petrovsky, que abriga a Academia. Os passos tornam-se mais lentos, e as vozes, mais baixas.

Quando chegam ao portão do majestoso edifício, sabem que estão em um lugar especial, que viu a história do país e ainda possui a imponência e a grandiosidade desejada por

Catarina II, que ali se hospedava antes de entrar na cidade, ao final do longo caminho que separa Moscou de São Petersburgo.

Foi ali que Napoleão se refugiou em 1812 enquanto Moscou ardia. Contemplando o incêndio, o imperador francês intuiu o início do fim e ordenou ao seu exército que começasse a retirada.

Foi ali, por fim, na planície Khodynka, que dá para o palácio, que em 1896 o regime czarista infligiu a seu povo uma injúria que não seria esquecida. Durante as comemorações pela coroação de Nicolau II, 1.400 pessoas morreram pisoteadas pela multidão que correu para a grande festa, a fim de pegar o pão e as doações que o czar havia prometido. O massacre obviamente não abalou o novo czar que, ao lado da czarina Alexandra, não deixou de ir ao baile organizado na embaixada francesa para homenageá-lo.

Com a Revolução, o grande palácio de tijolos à vista, imerso em um parque a dez quilômetros do Kremlin, tornou-se sede da Academia da Força Aérea, recebendo o nome de Nikolai Zhukovsky, engenheiro e cientista que consolidara em fórmulas matemáticas as principais leis da aerodinâmica e da mecânica de voo.

Com seus amplos espaços, o majestoso edifício é ideal para abrigar os cursos e não é distante do aeródromo, onde acontecem os treinamentos e as máquinas são testadas.

As moças se aproximam juntas, intimidadas e agitadas. São barulhentas, conversam sem parar umas com as outras, reconhecem-se entre amigas, cumprimentam-se. Muitas vestiram suas melhores roupas, outras até sapatos de salto, e todas estão bem penteadas. Talvez, inconscientemente, percebem que estão vivendo um momento excepcional, no qual às mulheres é concedido atravessar uma fronteira até então instransponível. Estão prestes a fazer um teste importante e querem causar uma boa impressão.

A primeira neve, que começa a cair justamente naquelas horas, parece-lhes de bom agouro.

Nos volumes consultados na Biblioteca Lenin, encontramos nomes, sobrenomes e patronímicos das moças que, naquele dia de outubro, entraram na Academia Zhukovsky. Há muitas estudantes, mas também operárias, camponesas, granjeiras, vendedoras, doceiras, arquivistas, professoras; há mulheres já casadas, algumas até com filhos. Nesses livros, também vimos muitas fotos. Rostos sérios, sorridentes, acanhados, todos jovens. Certamente há projetos de vida por trás dessas imagens, planos que foram interrompidos. Inconscientemente, devo ter assumido uma expressão de tristeza, devo ter feito um comentário compadecido. Irina fechou os livros e os devolveu a mim.

— Todas nós queríamos ir para a guerra — disse sem rodeios. — Queríamos salvar a pátria. Não pensávamos em outra coisa. Nos escritórios da Academia, houve solicitações, reuniões para conhecer aptidões e capacidades, mas a seleção foi feita rapidamente, pois o tempo urgia.

Na entrada, encontram um soldado que tem a tarefa de escoltá-las pelo grande edifício. É apenas um jovem militar, sem patente, mais ou menos da idade delas. Irina nota seu olhar zombeteiro.

— Companheiras, aonde estão indo? — diz com ar ao mesmo tempo preocupado e divertido. — Agora vão colocar em vocês as botas e o uniforme; vocês vão ficar feias e não vão mais encontrar nenhum rapaz para levá-las ao cinema.

Nenhuma delas responde, nem mesmo Irina, que sempre tinha uma resposta pronta. São tomadas pela nova aventura, despertadas pela ideia de entrar em um mundo novo. Precisam estar atentas, entender, aprender bem e agir de maneira que ninguém possa queixar-se delas ou criticá-las. As palavras do jovem militar caem no vazio.

Enquanto cumprem-se as formalidades e são dadas as primeiras ordens, Irina reencontra Zhenya. Fica surpresa. Sabe que é filha única, que seus pais são muito apegados a ela. Como fez para convencê-los?

— Contei uma mentira — responde-lhe a amiga, tranquila como sempre. — Disse que tinha me inscrito em um curso para aprender a usar a metralhadora, e eles acreditaram.

Irina a abraça; ela também havia mentido. Não à mãe, que tinha ido a Leningrado encontrar a irmã e a quem comunicaria a partida à linha de frente depois que tudo estivesse pronto, mas ao tio com o qual viviam. Preparou a mochila dizendo-lhe que ia ensinar física em uma escola militar.

— E não podiam encontrar alguém mais qualificado? — Foi sua lacônica e distraída resposta.

Uma mulher de aço

Quase não acreditam. As moças, que entraram no aristocrático edifício da Academia da Força Aérea Zhukovsky com vestidos de festa, não conseguem reprimir o entusiasmo. Os olhos brilham, as faces se inflamam, os olhares se cruzam com cumplicidade: acabaram de saber que vão encontrar Marina Raskova, a mulher mais famosa da aeronáutica soviética. É ela quem irá prepará-las para a vida militar.

Em 1941, comunicar para um grupo de garotas russas que estão para encontrar Marina Raskova é como anunciar a um grupo de adolescentes americanas que falarão com sua diva preferida de Hollywood ou, nos anos 1960, dizer a um grupo de jovens europeias que sairão para jantar com John Lennon.

Marina é um mito e uma lenda. Como elas, também é filha da Revolução. Também ela pode vangloriar-se de ter entre suas primeiras recordações as balas nos muros de casa, a fome, o frio, assim como a convicção de poder fazer muito e em primeira pessoa por um mundo novo, de justiça e progresso. Também ela vive na absoluta certeza de que a nova pátria socialista oferecerá toda oportunidade a quem souber demonstrar os devidos dons. Ainda que seja pobre e de origens obscuras, ainda que seja mulher.

Marina estava destinada a se tornar cantora lírica. Era o que seus pais sonhavam para ela. Com efeito, o único registro de sua voz nos arquivos da rádio de Moscou justifica as ambições deles. O timbre não deixa dúvidas de que poderia ter se tornado uma esplêndida soprano. Tampouco lhe falta *le physique du rôle* dos palcos: olhos pretos, cabelos longos e bastos, um rosto doce e regular, gestos firmes e, ao mesmo tempo, femininos, que escondem grande energia, determinação, senso prático e coragem.

Porém, quando precisa decidir sobre o próprio futuro, Marina inesperadamente deixa a música pelos estudos de química. Uma disciplina científica, exata, é mais conforme com sua natureza, além do fato de que lhe permitiria trabalhar em uma empresa ou em um laboratório. É admitida no laboratório da Academia da Força Aérea, onde trabalha ao lado de Alexander Belyakov e Ivan Spirin, fundadores da navegação aérea soviética e inventores da moderna tecnologia de bordo.

O desafio é daqueles importantes, que requerem e alimentam a paixão. A atividade de pesquisa, febril e irresistível, é suficiente para preencher o tempo de uma vida, aplacar toda sede de ambição. Trata-se de inovar a Força Aérea soviética, dotá-la de todos os instrumentos para colocá-la na vanguarda. Os aviões devem voar dia e noite, em rotas precisas, na escuridão, com névoa ou com neve, e para tanto as capacidades humanas não bastam. São necessárias bússolas, anemômetros, sextantes, compassos cada vez mais manuseáveis e milimétricos, tabelas de consulta rápida para o cálculo das coordenadas, segundo a velocidade, o vento e as estrelas. Marina monta e desmonta mecanismos complexos, desenha suas partes, treina os estudantes para que os usem com a máxima rapidez. É admirada e apreciada por seu trabalho.

Além do mais, ela também prova do amargo cálice da desconfiança masculina. Quando deixa as quatro paredes do laboratório para frequentar os cursos de voo, os instrutores a olham com altivez ou escárnio. E é nesse ponto que nossa heroína mostra seu caráter.

As moças que chegam à Academia Zhukovsky sabem que ela, no mundo machista da aviação, não perdeu o controle e sempre realizou seu trabalho de modo impecável, conseguindo o brevê de pilota e navegadora. Quando Belyakov partiu para sua enésima proeza, ela assumiu o posto do aviador como responsável pela formação de pilotos que, mesmo sendo veteranos na carreira, possuíam pouco conhecimento das novas tecnologias.

Não é fácil para ela vencer a desconfiança deles, porém, ao final, são obrigados a reconhecer: Marina é jovem, é mulher, mas é competente. É o que lhe dizem ao final do curso com um esplêndido buquê e uma frase que mudaria sua vida: "Temos de admitir que uma mulher pode pilotar tão bem quanto um homem. As mulheres podem tudo".

Marina supera muitas outras provas difíceis e apenas alguns anos antes é condecorada com a máxima insígnia: é uma heroína da União Soviética. As moças que lotam a Academia naquela fria manhã de outono, que tanto se parece com o inverno, gostariam de ser como ela.

O que aprendem nas horas passadas nos corredores e nos escritórios da Zhukovsky confirma seu amor e sua admiração. Se estão ali é exclusivamente por mérito dela, de seu prestígio e de sua força. Se voarem e forem para a linha de frente, se sua vida não for mais a mesma, deverão apenas a ela.

Algumas semanas antes, Marina falou pelo rádio:

— Mulheres soviéticas, vocês que são centenas e milhares a dirigir caminhões e tratores, a pilotar aviões; vocês que estão prontas a todo instante para sentar-se em uma máquina de combate e lançar-se na batalha... Caras irmãs, é chegada a hora de uma dura recompensa: entrar nas fileiras de guerreiros pela liberdade.

As jovens soviéticas que desejam ir para a linha de frente sentem-se compreendidas por essas palavras; no entanto, não acham que sua esperança vá se concretizar tão cedo. Não sabem que Marina está fazendo de tudo para realizar seu sonho. E agora, poucos dias depois, estão ali a ouvi-la dizer, com tom calmo e inflexível, depois de tê-las reunido em uma grande sala:

— As mulheres que escolho devem entender, sem que haja nenhuma dúvida, que vão lutar contra homens e que devem lutar como homens. Se forem escolhidas, poderão até não morrer, mas talvez queimem-se a tal ponto que nem mesmo sua mãe consiga reconhecê-las; poderão ficar cegas, perder uma mão ou uma perna; poderão perder seus amigos, ser capturadas pelos alemães. Estão prontas para enfrentar tudo isso?

Sim, estão prontas, sentem-se dispostas a tudo e não param de perguntar umas às outras como Marina convenceu os comandantes do Exército Vermelho a acolhê-las. Como conseguiu que ninguém menos do que Josef Stalin aceitasse que as mulheres fossem mandadas à linha de frente.

Depois, alguém na Academia começa a espalhar um boato, a história se difunde rapidamente e é enriquecida com detalhes.

Dizia mais ou menos o seguinte: algumas semanas antes, sua heroína tinha atravessado com passo seguro e leve as salas do Kremlin, dirigindo-se ao gabinete de Josef Stalin. O comandante supremo, geralmente avesso a contatos e discussões que não respondessem a uma necessidade imediata ou não fossem funcionais às suas ordens, não pudera recusar-lhe o encontro. A mulher que queria falar-lhe em particular recebera dele, pessoalmente, a máxima condecoração da nação. Além disso, o chefe do Kremlin sabia muito bem que Marina, além de grande aviadora, tornara-se um símbolo para as jovens soviéticas. Uma recusa teria sido inoportuna. Ainda segundo a lenda, Stalin teria certa predileção por essa mulher bela e decidida.

Marina não gosta de perder tempo e sabe que Stalin também é um homem prático. Quando entra no gabinete do grande chefe, com uma longa mesa coberta por um tecido, os retratos dos generais e os mapas cobrindo as paredes, logo apresenta sua proposta em poucas palavras. Pede que as mulheres façam parte da Força Aérea, que sejam enviadas para a linha de frente como pilotas e navegadoras. Explica que são capazes e, sobretudo, que estão ávidas por fazê-lo. Mostra a Stalin os maços de cartas que recebeu naquelas semanas, todas com a mesma solicitação e o mesmo protesto: as mulheres se sentem excluídas da defesa da pátria e querem participar da luta contra o inimigo invasor. Marina não tem medo de lembrar ao secretário do Partido que, nas escolas, as moças, tal como seus colegas homens, frequentaram os aeroclubes, aprenderam a voar e a usar o paraquedas e a metralhadora. Por que, então – insiste – têm de permanecer em casa, guardando nas gavetas suas competências? Por que no Exército Vermelho têm de ser confinadas ao papel de enfermeiras e telefonistas?

Marina não se limita a defender a causa das mulheres. Também toca em outro assunto, ao qual, como bem sabe, Stalin é particularmente sensível. A pátria socialista está em perigo; o inimigo não se deteve nos meses anteriores e agora está batendo às portas de Moscou. Os alemães abateram milhares de aviões russos. O rompimento da linha de frente ocorreu justamente contra a Força Aérea soviética, que está semidestruída. Estão sendo feitos enormes esforços para reconstruir uma frota aérea. As mulheres, com sua abnegação, se tornariam o símbolo do extremo esforço que todo o país está pronto a fazer.

Stalin ouve com atenção, mas não concorda. Olha satisfeito para o maço de cartas que a companheira Raskova aperta entre as mãos, manda que tragam a ela uma xícara de chá, depois lhe diz, sem brutalidade, mas com clareza, que sua ideia é irrealizável. O povo não a aceitaria bem, e menos ainda os generais.

Mandar para a linha de frente mulheres jovens, na idade em que podem ser esposas e mães? E justamente no momento em que a pátria perde seus melhores homens? Não seria mais útil que as mulheres estivessem prontas para gerar filhos e substituir os trabalhadores nas grandes indústrias? Também na guerra é preciso continuar a produzir, e a mão de obra feminina, graças à educação socialista, mostra-se tão forte e eficiente quanto a masculina. Talvez até mais.

Além disso, o que pensariam os homens se vissem mulheres combatendo nos céus? Stalin exorta Marina ao realismo: é verdade, o Exército Vermelho está passando por um mau momento, está desencorajado, na defensiva, o caos prevalece sobre a ordem; mas mulheres no comando de aviões de combate, em uma posição tão importante e delicada, inevitavelmente transmitiriam uma mensagem de perigo, confirmariam a ideia de uma derrota iminente.

Há, por fim – diz-lhe, com insólita paciência –, um terceiro motivo que Marina Raskova não pode subestimar. A convivência entre homens e mulheres, com funções semelhantes ou até iguais – ela lhe propôs que se tornassem pilotas de bombardeiros, que dirigissem os caças e os outros potentes aviões da Força Aérea soviética –, seria um motivo ulterior para a desordem e a distração. Homens e mulheres teriam de viver juntos, dividir os mesmos espaços nos acampamentos e alojamentos. Não, não é mesmo o caso, conclui o paizinho, quase triste por ter de lhe dizer "não". De resto – acrescenta, pensando convencer definitivamente a mulher que parece tão decidida –, em nenhum exército do mundo as mulheres combatem nos céus. Existem, sim, pilotas americanas, inglesas e francesas, mas sua tarefa é apenas verificar os aviões, levá-los para a linha de frente, entregá-los nas mãos de pilotos homens.

Marina já conhece todas as objeções. Também lhe foram feitas pelos generais aos quais se dirigira nas reuniões anteriores. Petrov, comandante da Forças Aérea, com quem conversou antes de pedir um encontro com Stalin, havia sido firme ao rejeitar sua proposta. Por isso, ela quis fazer uma última tentativa.

É nesse ponto que o relato se torna lenda. Sussurra-se que a calma e reservada heroína da União Soviética também tem uma têmpera de aço e, quando quer uma coisa, bate com firmeza o punho na mesa. Diante da negação de Stalin, repete o gesto que lhe é habitual.

— Ninguém mais o faria — murmuram, satisfeitas, as jovens chamadas a combater, enquanto relembram episódio por episódio o épico relato desse momento decisivo.

Diante das dúvidas sobre a capacidade das mulheres para pilotar aviões e bombardear o inimigo, Marina exclama: *"Zhenshchina mozhet vse!"*, uma mulher é capaz de tudo!

Mais uma lenda? Pode ser. O fato é que em 8 de outubro de 1941, alguns dias depois da reunião, é promulgada a Ordem 0099. É estabelecida a formação de três regimentos femininos. O primeiro é composto de caças-bombardeiros, aviões capazes de realizar ataques à terra e sustentar batalhas aéreas; o segundo, por bombardeiros e, por fim, o terceiro, pelos Polikarpov, para o bombardeio leve noturno.

Marina manteve-se firme – sussurram com orgulho as moças – e venceu porque ousou, fazendo o que os especialistas em xadrez chamam de "o movimento do cavalo".

Não querem mulheres na Força Aérea pelos motivos mais variados e principalmente porque consideram arriscada ou inconveniente sua presença junto aos homens? Pois bem, então que se constituam grupos apenas femininos, com pilotas, navegadoras, mecânicas e artilheiras.

"Uma mulher é capaz de tudo", repete como um mantra Marina Raskova, a quem Stalin faz objeções, mas, ao final, ela consegue o que quer.

Nessa tarde, recolhe as cartas, as petições e as solicitações que havia espalhado sobre a mesa, cumprimenta Stalin e, satisfeita, deixa seu gabinete. Sabe muito bem o que vai acontecer agora e reprime a duras penas um sorriso. Stalin convocará os generais e dará ordens às quais ninguém se oporá. Nunca os viu colocar em discussão as decisões do secretário do Partido. Ela segue imediatamente para a Academia Zhukovsky. Há muito trabalho a ser feito. É preciso buscar, selecionar e treinar as moças que pilotarão os aviões; é preciso enviar cartas e mobilizar o Partido. Ela sabe que as respostas serão muitas. Quando atravessa o parque que a conduz à Academia, seu semblante se ilumina. Quando voltar para casa nessa noite, contará à sua filha de 11 anos que as mulheres vão voar nos céus e combater o inimigo como os homens. Ela também ficará feliz.

Na taiga

Tenho de abandonar o relato de Irina e a sala da rua Leninskie Gory. Preciso deixar as jovens que acabaram de entrar na Academia Zhukovsky com seus temores e seu ingênuo entusiasmo e recuar alguns passos no tempo, até meados dos anos 1930. É nessa época que Marina se torna um mito para as mulheres soviéticas e passa a ser amada pelas moças que hoje estão prontas para partir para a linha de frente.

São os anos do Grande Expurgo, da repressão e do terror, dos processos sumários, dos tiros de pistola na nuca, dos *gulags*, da perseguição aos cidadãos "socialmente perigosos". Anos em que os membros mais antigos do Partido podiam ser acusados de espionagem, afastados e mortos porque conspiravam – era o que se dizia – contra o Estado dos soviets.

Mas também são os anos de um rapidíssimo desenvolvimento industrial – nunca atingido com tanta velocidade por nenhum país – e de um extraordinário aumento do emprego. São produzidas na URSS enormes quantidades de ferro, carvão, aço e, em seguida, caminhões, automóveis, novas redes e estações ferroviárias.

A população das cidades aumenta de modo exponencial. Mesmo vivendo em casas comunitárias e espaços restritos, as famílias já não sofrem com a fome, e seus filhos podem estudar. Esse é o período em que a União das Repúblicas Socialistas Soviéticas alcança a alfabetização quase completa; as mulheres recebem instrução igual à dos homens e começam a dar à luz em hospitais.

São também os anos em que a URSS se sente ameaçada por um Ocidente hostil, e, entre os objetivos de quem exerce um poder absoluto, há também o de demonstrar aos inimigos que a ordem socialista é superior à do capitalismo.

E eis que a aviação se torna um instrumento extraordinário para conquistar o consenso interno, para mandar um recado de força aos inimigos ocidentais e para manter vivo esse misterioso entrelaçamento de terror, desenvolvimento e esperança, que é o núcleo duro da fé dos soviéticos em Josef Stalin.

A incomensurável União das Repúblicas Socialistas Soviéticas aposta nos aviões para reduzir as distâncias, vencer o atraso e fazer de sua enorme extensão não mais um ponto de fraqueza, e sim de força. E conta com os recordes de voo para dar uma demonstração de poder, modernização e progresso além das suas fronteiras. Desse modo, os pilotos adquirem um papel excepcional quando conseguem cobrir grandes rotas e superar primados até então impensáveis. Tornam-se as estrelas do país, ganham as manchetes dos jornais, são os protagonistas de romances, filmes e peças de teatro. São mimados pelo regime e vistos pelo povo como heróis modernos (vocês se lembram de Gagarin, algumas décadas mais tarde?). Em suma, tornam-se verdadeiros mitos, como, aliás, mesmo que de forma menos intensa, também acontece em outros países. Com uma diferença: os aviadores soviéticos não voam para seu sucesso pessoal, mas pelo sucesso coletivo de um povo. Cada recorde deles, cada ação fora do comum é acompanhada com entusiasmo, propagandeada e, por fim, festejada. Quando voltam de suas aventuras, os pilotos são recebidos pelos dirigentes soviéticos, cobertos de flores e levados em triunfo pelas ruas de Moscou até o Kremlin. As derrotas também são celebradas, pois o Estado soviético não deixa de se mobilizar por seus filhos e faz do salvamento de seus heróis um glorioso momento ulterior da epopeia socialista.

Em 1938, o entrelaçamento entre a repressão e o sucesso da Força Aérea atinge seu ápice. É nesse ano que a glória dos aviadores e a condenação dos traidores constroem a densa trama na qual o regime enjaula a opinião de um povo que, em um único e enfático movimento de adesão patriótica, exalta uns e despreza os outros.

Em fevereiro é concluída a grande expedição soviética ao Polo Norte. Os soviéticos permanecem por quase nove meses em sua estação no misterioso Ártico, tentando descobrir a origem dos fenômenos atmosféricos. Quando a placa de gelo na qual estão vivendo se solta da banquisa, começa a vagar no mar e vai se reduzindo aos poucos a algumas centenas de metros, todos são resgatados em uma operação aérea espetacular, narrada minuto a minuto pela emissora de rádio e pelos jornais.

Apenas alguns dias depois do retorno dos heróis do ar, conclui-se "o julgamento dos 21", no qual os trotskistas e a direita do Partido são condenados: para Bukharin e Rykov, a pena é de morte. Subentende-se que eles, ao contrário dos heróis da aviação, conspiraram contra a pátria e tramaram para derrubar o Estado stalinista. Assim como acompanharam as notícias sobre os aviadores, dia após dia os jornais relatam o "julgamento do bloco antissoviético da direita e dos trotskistas". Os artigos estão repletos de informações sobre as audiências e as confissões dos inimigos do povo, bem como de seus gravíssimos delitos, que vão desde a traição, passando pela espionagem até, naturalmente, o complô para matar Stalin.

Esse é o momento em que Marina Raskova entra na história, protagonista de um voo heroico que fica escrito com tinta indelével na mente e no coração das jovens soviéticas: em 1938, bate o recorde feminino de distância de voo com habilidade, coragem e heroísmo.

Não é um empreendimento fácil. Com duas companheiras, Polina Osipenko e Valentina Grizodubova, percorreu 6.500 quilômetros, atravessando toda a grande Rússia, inclusive a interminável e gelada Sibéria, desde Moscou até Komsomolsk-na-Amure, um feito jamais tentado e tanto mais importante porque realizado por três mulheres.

A preparação para o voo leva um bom tempo. Stalin precisa do recorde feminino. Nos Estados Unidos, alguns anos antes, Amelia Earhart sobrevoou o Atlântico e se tornou uma lenda. As mulheres soviéticas farão melhor do que as americanas. Não apenas baterão o recorde de distância de Amelia Earhart como também demonstrarão que no Estado socialista suas habilidades não são a exceção, mas a regra.

A meta de Komsomolsk-na-Amure também tem um grande valor simbólico. A cidade é novinha em folha; somente em 1932 foi assinado o decreto para a sua construção no local onde até então havia um pequeno vilarejo povoado por uma tribo Nanai, de origem manchu.

O chefe da URSS tem bons motivos para querer uma cidade em uma terra tão distante e desolada, habitada apenas por condenados a trabalhos forçados.

Há tempos os japoneses estão de olho na Manchúria, território na fronteira com a União Soviética, separada da riquíssima Sibéria apenas pelo rio Amur. A Sibéria, "terra que dorme", o gigante inóspito, mas necessário por suas extraordinárias riquezas, deve ser defendida a todo custo. Assim, o chefe da URSS decide criar uma indústria para a produção de tanques, navios e principalmente aviões, prontos para responder ao ataque inimigo. O lugar para a produção deve ser seguro, garantir as conexões e contar com um porto fluvial para receber as provisões e o petróleo proveniente dos poços da ilha de Sacalina. Resta o problema de encontrar a mão de obra disposta a transferir-se para um território tão inóspito e entristecido pela presença sinistra de muitos campos de detenção. Stalin apela aos jovens soviéticos e batiza o novo assentamento com o atraente nome de Komsomolsk.

"Venha construir Komsomolsk", canta a propaganda do regime, "a cidade do Komsomol, da juventude comunista, a vanguarda soviética no Extremo Oriente, a cidade do sol nascente e do futuro."

Na verdade, a maioria dos jovens soviéticos fica perplexa, mas certo número de entusiastas parte para a nova cidade às margens do Amur. Apenas algumas centenas, mas o suficiente para alimentar a propaganda e construir o mito.

Hoje sabemos que quem na verdade construiu Komsomolsk foram os condenados a trabalhos forçados, que eram enviados a esses locais inóspitos a fim de expiarem suas penas.

A missão de Marina e suas companheiras é preparada com o máximo cuidado, empenhando todo recurso tecnológico e colocando em movimento um enorme aparato propagandístico. São muitas as reuniões em que o assunto é discutido no Kremlin. Stalin, Molotov e os mais altos dirigentes do Partido participam delas e definem até os detalhes do voo. Nada deve escapar à atenção, todo pormenor precisa ser verificado.

Algumas semanas antes da travessia, as últimas decisões são tomadas em segredo na *dacha* de Molotov. As três mulheres voariam em um Sukhoi ANT-37bis, chamado *Rodina*, ou "pátria" em russo. Polina e Valentina no comando, trocando de posição durante o longo voo. Marina ficaria encarregada dos mapas e da instrumentação.

A máquina da propaganda entra em ação com todos os meios disponíveis na época. A emissora de rádio acompanharia a façanha com um programa ao vivo de cerca de trinta horas. O povo soviético seria informado momento a momento, vibraria, sofreria, esperaria, se alegraria e, ao final, venceria junto com as três heroicas mulheres.

Ocorre o imprevisto. Sobre a Sibéria, o clima, que naquele dia de setembro é anunciado como bom e ensolarado, torna-se repentinamente gélido e ventoso, a despeito de todas as previsões. As comunicações via rádio são interrompidas quase no mesmo instante, a neve cai densa, o gelo começa a pesar nas asas do avião novinho em folha. As três mulheres são obrigadas a subir a 7.500 metros, na tentativa de evitar turbulências. No Kremlin, o nervosismo se propaga a cada minuto, e a expressão no rosto do chefe permite entrever uma perigosa decepção.

A única coisa que vai pelo caminho certo nesses momentos é a reação das três protagonistas. Estão conscientes do que está em jogo e sabem muito bem que cada segundo de resistência as aproximará da vitória. Por isso, decidem lutar até o fim e manter o controle do avião. Lutam contra a tempestade, tentam todo tipo de manobra, aliviam o *Rodina*, sobrecarregado pelo gelo nas asas, lançando equipamentos e provisões na taiga. Depois de quase 25 horas de voo, é chegado o momento de arriscar uma aterrissagem de emergência.

A partir desse ponto, o relato se transforma em lenda. Marina, sem nem mesmo advertir as duas companheiras, em uma última e heroica tentativa de salvar o voo e o recorde, decide abrir a porta e lançar-se de paraquedas na taiga coberta de neve.

A realidade é menos romântica. Entre as três mulheres, já não são necessárias palavras. O vento é incessante, sobrevém uma tempestade, e o gelo pesa de modo insustentável nas asas. Às 10h21 da manhã, enquanto sobrevoam o rio Amur, acende-se o indicador do combustível. A aterrissagem de emergência é inadiável.

As regras de voo são claras. Para possibilitar uma aterrissagem segura, Marina Raskova, que é a navegadora e ocupa uma cabine separada, na cauda do avião e sem comunicação com a das duas pilotas, tem de lançar-se de paraquedas. Ela não quer fazer isso, prefere correr o risco até o fim, desafiar o destino, apostar no sucesso da façanha, mas Valentina é categórica:

— Salte de uma vez e não nos faça perder tempo.

Marina sente vontade de mandá-la para aquele lugar, mas uma comandante deve ser obedecida e ponto final. Aliviado de seu peso, o avião prossegue o voo por mais alguns quilômetros e aterrissa em um pântano.

Na Biblioteca Lenin, entre os volumes sobre as bruxas encontramos um cujo título é Anotações de uma Navegadora. *A autora é justamente ela, Marina Raskova. O livro foi publicado em 1941 como parte de uma coleção juvenil. Fazemos uma fotocópia, assim, nós também aprenderemos diretamente com Marina o que os adolescentes soviéticos aprenderam. Em um café na rua Tverskaya, diante do belo palácio recém-reformado do Museu da História da Rússia Moderna, passamos algumas horas consultando o livro de Marina. A história é envolvente. Marina sabe muito bem como fascinar os jovens conterrâneos, como satisfazer seu desejo de aventura e encantá-los com um episódio nos limites do inacreditável.*

Lança-se com um paraquedas militar de uma altura de 2.300 metros e não o abre de imediato. No início, cai como uma pedra no vazio, mas não perde o controle. Enquanto se precipita, olha ao redor e tenta memorizar o território: onde se encontra o rio, onde está o lago, onde começa o bosque. Nesse meio-tempo, a terra vem a seu encontro a toda velocidade. Acabará em um charco? Não, acaba sobre um pinheiro. Aterrissagem perigosa. Mas ela, caros jovens, sabe o que fazer e vai explicar para vocês. É preciso esticar as pernas e cobrir o rosto com as mãos para não ser ferida pelos galhos; depois, cortar as cordas do paraquedas e descer da árvore.

Enquanto isso, o *Rodina* – conta – segue em busca de um lugar para aterrissar. Marina ouve o barulho do motor, depois, por longas horas, o silêncio. Finalmente um disparo. É o sinal combinado com as colegas. Significa que Polina e Valentina estão vivas. Marca a direção de onde vem o tiro de fuzil no papel em que estava embrulhado um pedaço de chocolate; não tem consigo nada em que possa apoiar o papel para escrever. Dorme algumas horas e no dia seguinte, com o auxílio de uma bússola, tenta andar na direção do disparo.

Não é fácil, os charcos e a vegetação selvagem a obrigam a desviar e, muitas vezes, a recuar. Encontra-se novamente no ponto de partida, tem de recomeçar do zero, continua a fazer anotações no papel do chocolate. Depois, o papel acaba, e o chocolate também. Exausta, mas ainda lúcida, Marina é obrigada a comer cogumelos e bagas. Na tentativa de acender uma fogueira para se aquecer, provoca um pequeno incêndio, no qual também se vai sua caixa de fósforos. Não se abate. No céu passam aviões à sua procura, tenta, então, chamar a atenção estendendo a roupa no chão e deitando-se. Nada. Apenas o rugido de um urso ameaçadoramente próximo. Marina não dispara de imediato, tem apenas três balas e sabe muito bem que não devem ser desperdiçadas. Quando cai a noite, começa a sentir-se fraca, está com muito sono, mas o urso a mantém acordada. Embora escuro e peludo, tem um aspecto mais digno do que o seu. Marina dispara, o urso escapa, e ela nunca saberá se o feriu nem com que gravidade.

A neve cai sem trégua e congela. No céu, já não se ouve o som dos aviões procurando por ela. Entre os abetos e lariços da taiga, existe apenas uma possibilidade de salvação: encontrar as companheiras e seu avião. Marina caminha, não se detém e não duvida nem mesmo por um instante de que conseguirá chegar à meta.

Nesse meio-tempo, o grande aparato do socorro continua a trabalhar. Há 2 milhões de metros quadrados a serem explorados, mas o Kremlin, como se diz, não se preocupa com as despesas. O Estado socialista tem de demonstrar ao povo que não abandona seus filhos e suas filhas em dificuldade. Os destroços do *Rodina* com Valentina e Polina são encontrados oito dias após a aterrissagem de emergência. Ambas estão debilitadas, mas vivas. E Marina? Marina está perdida, e, depois de uma semana, são grandes as possibilidades de que não tenha sobrevivido. Não é possível sobreviver naquele clima por tanto tempo. Os socorristas chegaram a essa conclusão e estão prontos para abandonar as buscas, mas as amigas se recusam a ir embora e deixar a taiga sem Marina. Não consideram nem por um instante – realidade? Lenda? Mito? – a possibilidade de que sua companheira possa não estar viva. Vencem, e no nono dia veem uma figurinha preta avançar na taiga submersa na neve. É Marina, cansada, ferida, mas inteira. A primeira coisa que faz depois de abraçar as companheiras é verificar a cauda do avião. Quando vê que está intacta, diz a Valentina:

— Não falei? Eu teria conseguido.

Aqui termina a narrativa da heroína.

A continuação da história é vivida por todo o país. A façanha é um sucesso para as três mulheres, mas sobretudo para aquela que desafiou sozinha o gelo da taiga. Toda a União Soviética se alvoroçou, não há ninguém que não tenha intimamente rezado por ela e que não vincule esse voo extraordinário ao nome de Marina e à sua aventura. A cúpula do Kremlin, que havia temido o pior, também está plenamente satisfeita. O povo não ficaria decepcionado, a propaganda ainda teria do que se alimentar. A coragem e a força das três mulheres realizaram o milagre. O *Rodina* percorreu 5.947 quilômetros em pouco mais de 26 horas; de todo modo, o recorde de voo feminino sem interrupção foi atingido. O Estado socialista mostrou seu valor ao povo e ao Ocidente.

Quando Marina, Valentina e Polina voltam a Moscou, dezenas de milhares de pessoas as esperam. São admiradas, aclamadas, aplaudidas, cobertas de flores e afeto. Na estação Bielorrússia, são recebidas por Nikita Sergueievitch Kruschev, então secretário-geral do PCUS ucraniano, e Lazar Moiseyevitch Kaganovitch, comissário do povo e da indústria. Marina desce do trem carregando um esquilo: é o presente para sua filha. Em cortejo até o Kremlin, são recebidas por Stalin, que almoça com elas. Há um brinde solene, no qual, sem dúvida aliviado, o chefe do Kremlin sentencia que as três mulheres, com sua coragem, "vingaram pesados séculos de opressão feminina". As aviadoras são condecoradas com o título de "Heroínas da União Soviética".

A ousada Marina, que resiste sozinha na neve e no gelo e não se desespera, permanece mais do que as outras no coração das mulheres e moças da República dos Soviets. Torna-se um símbolo, um ícone e, mostrando-se uma verdadeira líder, responde ao seu afeto e à sua confiança. Decide que nunca as decepcionará. Permanece serena, modesta, capaz de grande disciplina, gentil, com muito tato e – dizem – nunca eleva a voz, não interrompe, não é brusca, não pune ninguém por raiva ou desapontamento. As moças da União das Repúblicas Socialistas Soviéticas a amam ao nível da idolatria, confiam nela. Ir para a guerra sob seu comando é como realizar um sonho. Com ela estão prontas para tudo.

Número 43

É uma sala grande no térreo, longe dos escritórios e abarrotada de uniformes: uma porção de sobretudos em cabides, calças dobradas e empilhadas nos cantos, casacos pendurados uns sobre os outros, gorros, cinturões. No centro, uma montanha de botas. Tudo organizado de forma simples, para dizer o mínimo, e sem nenhuma indicação dos tamanhos. As jovens que tinham acabado de ser recebidas na Zhukovsky entram e olham ao redor, titubeantes. Estão ali para escolher seus uniformes, por certo não podem ir para a linha de frente com os vestidos e os sapatos usados até o dia anterior. E têm de encontrar algo adequado para elas naquela desordem, em meio àquele monte de tecido.

Entram na sala acompanhadas por quatro militares que, abrindo a porta com um sorriso irônico, exclamam:

— Sirvam-se!

Eles, os homens, preparam-se para apreciar o espetáculo: as moças se despindo já serão, por si só, uma visão agradável.

As desajeitadas tentativas de vestir aqueles uniformes deformados as tornarão hilariantes.

Irina não sabe o que fazer e vê as companheiras inseguras e intimidadas. Quem começa? Sasha se aproxima dos sobretudos e examina um. É enorme, adequado para um homem alto com pelo menos 1,80 m e robusto. Para a franzina Zhenya, apontou outro, que lhe pareceu de tamanho pequeno: depois de experimentá-lo rapidamente, constatam que dentro do casaco cabem pelo menos três dela. Valentina aproxima dos quadris um par de calças e observa que um bom pedaço se estende pelo chão; teria de apertar o cinturão no pescoço para que ficasse na altura adequada.

Na soleira, os militares tentam permanecer sérios, mas seus olhos traem um divertimento infantil. Nada fazem para aliviar o embaraço de suas companheiras de armas. Talvez bastasse fechar a porta e deixá-las sozinhas, mas, ao que parece, não têm nenhuma intenção de fazê-lo; ao contrário, posicionam-se de modo que não percam nenhum detalhe do espetáculo. Nesse momento, diante desse comportamento prepotente e zombeteiro, Natasha ergue a cabeça com um movimento rápido e grita:

— Não há nada para olhar. O que estão fazendo aí? Vão embora! Não estão vendo que temos de nos despir? Se não quiserem nos deixar, pelo menos virem a cabeça para a parede e fiquem assim até terminarmos.

Os quatro soldados não estavam esperando por isso e, na verdade, nem mesmo as jovens recrutas contavam com a reação da companheira. Mal conhecem Natasha: sabem que não vem da universidade, que não faz parte do grupo de estudantes. É casada e tem dois filhos, que deixou com os avós. O marido partiu para a guerra, e ela, que antes do alistamento criava frangos e vendia ovos para viver, decidiu ir para a linha de frente. Depois de um curso de artilharia, apresentou-se para a seleção e conseguiu desembarcar na Zhukovsky. Tem alguns anos a mais do que a maioria das garotas, quer entender e aprender, mas é menos tímida e mais decidida. Dá a impressão de saber mais do que as outras como funciona o mundo e, desde o início, não se deixa perturbar em absoluto pelas piadas dos homens da Academia.

Suas palavras, inesperadas no silêncio repentino e acanhado da grande sala, desencadeiam a reação das outras moças. Até então quase atordoadas, todas agora gritam juntas para que os soldados as deixem sozinhas. O que eles estão fazendo ali? Elas não precisam de guardas! Em um segundo, a situação se inverte: os quatro perdem aquele sorriso de altivez, não querem – talvez não possam – ir embora, mas o espetáculo que aguardavam com ansiedade vai por água abaixo. Resta a eles apenas virar de costas.

Assim começa o rito da vestidura: sem olhares indiscretos, mas também sem um espelho para refletir suas imagens. Podem apenas refletir-se uma nos olhos da outra e confiar na opinião das companheiras.

As calças são encurtadas, em muito; por sorte, muitas colocaram linha e agulha na mochila. Os cinturões não servem para nada; melhor uma corda para segurar as calças na cintura. Seja como for, o casaco vai cobrir tudo.

As camisas são um problema: longas e largas, precisam ser cortadas e apertadas. Olga, estudante de história que vem de Riazan, conta que sua mãe é costureira; foi com ela que aprendeu a costurar. Sob sua orientação, poderão adaptar as camisas e as calças, apertar os casacos, encurtar a barra dos sobretudos. Aos poucos, na grande sala, o clima se torna mais leve, e a prova dos uniformes, mais divertida. Braços e mãos diminutos saem de mangas enormes; longos sobretudos arrastam-se pelo chão, impedindo grande parte dos movimentos; pescoços sutis emergem de camisas que podem conter, cada uma, duas das moças. Algo bem distante de uniformes severos e elegantes, de roupas militares distintas e impecáveis! Essa sala parece os fundos de um teatro onde está para ser apresentado um espetáculo cômico. Depois, há os gorros: como arrumar as longas tranças debaixo deles? Onde colocar os cachos que saem por todos os lados?

É a vez das botas. Tamanho mínimo: 43; pé máximo: 37; a maior parte: 36. Irina prova um par. Para caminhar, tem de arrastar os pés. Para Yevgueniya e Tatiana, chega a ser impossível mover-se. Calçam 35, e as botas saem de seus pés. Alguém aponta para um canto onde há uma montanha de faixas, longas tiras de lã com as quais os soldados envolvem os pés para se protegerem do frio dos invernos russos. Podem ser úteis para elas também. Usam-nas para aumentar os pés e adaptá-los às botas. Enrolar essas tiras de lã também é difícil. Os homens estão acostumados a fazê-lo, mas para elas é a primeira vez, e ajudam umas às outras.

Ludmila observa Irina, que finalmente foi bem-sucedida em seu intento, e desata a rir.

— Você está parecendo o Gato de Botas! — lhe diz.

Então, todas começam a rir como na escola, quando basta um nada para que a alegria exploda e o riso se torne contagioso. Olham-se, trocam os sobretudos e os gorros e riem. Olham os quatro soldados de costas, que não podem virar-se, e riem. Imitam uma marcha militar e riem. Ao final, conseguem vestir alguma coisa, pegam outras para levar e adaptar com mais calma. Acrescentam os cantis e as máscaras antigás, o coldre vazio de uma pistola. Por algum tempo, continuam a andar de um lado para outro da sala, exercitando-se, tentando imitar a rígida marcha militar. As botas continuam saindo dos pés.

Ao final, dizem aos quatro rapazes de costas que podem virar-se e saem da sala. Embora incomodadas nos uniformes três tamanhos maiores, estão novamente alegres.

No dia seguinte, impecavelmente vestidas, marcham em coluna rumo à estação, onde são esperadas por um trem que as levará a Engels, cidade às margens do Volga, ao sul de Moscou, que abriga um importante centro da aeronáutica. Ali começará o treinamento.

Têm de percorrer alguns quilômetros a pé: os bondes, bloqueados pela neve, estão parados, e o metrô não está funcionando. Os alemães realizaram bombardeios durante a noite, e as estações e os túneis se tornaram refúgio para milhares de moscovitas.

Enquanto caminham tentando manter o passo de marcha, a neve continua a cair, e as botas se arrastam nos paralelepípedos. Veem as ruas vazias, as casas desabitadas, os bondes parados, cumprimentam os poucos pedestres que as fitam com curiosidade ou preocupação, abraçam uma velha que faz um gesto para benzê-las. As alegres moças das horas anteriores se tornaram muito sérias. Orgulhosas por terem sido selecionadas por Marina Raskova, já olham com nostalgia sua cidade que, nas primeiras horas da manhã, parece vazia e triste. Convencidas de que a guerra vai durar pouco e de que o inimigo logo será derrotado, também sabem que, por muito tempo, não verão quem amam. Sentem-se jovens e inexperientes e estão assustadas com o que as espera.

Mais uma vez intervém Natasha, trazendo-as de volta à realidade. Desta vez, entoando uma canção que rompe o clima cinzento e inquieto da manhã de outubro. Depois da primeira, as canções se sucedem e novamente esbanjam energia e bom humor. O barulho dos cantis batendo nos quadris e das botas nos paralelepípedos marcam um ritmo quase festivo.

Na estação, têm a primeira oportunidade de demonstrar sua força. Carregam equipamentos, sacos e bagagens nos vagões. Depois, sentam-se nos bancos de madeira do trem e esperam. Partem apenas ao anoitecer, quando o céu sobre elas está novamente escuro e se ouvem a chegada dos aviões alemães, as sirenes e as primeiras explosões.

Até algum tempo antes, a região à qual devem ir havia sido habitada por uma grande comunidade alemã, convidada por Catarina II para cultivar os campos e servir de baluarte no perene conflito entre os russos e os povos orientais. Conservando a própria língua e as próprias tradições, essa comunidade partilhara a história do império, sofrera dramáticas perseguições (na guerra civil, apoiara os Brancos) e finalmente tivera sua autonomia reconhecida pelo Estado soviético como República Socialista Soviética Autônoma dos Alemães do Volga, com Engels como capital. Agora, essa comunidade já não existe. Com a eclosão da guerra, tudo mudou. Temendo que, com o avanço dos nazistas, os alemães pudessem passar para o lado do inimigo, no final de agosto de 1941, apenas alguns meses antes da chegada de nossas garotas, Stalin deu ordem para deportar a população para a Sibéria, o Cazaquistão e outras regiões da Ásia Central. Hoje sabemos que um terço do 1,5 milhão de deportados não sobreviveu.

A ponte ferroviária de quase dois quilômetros entre Saratov e Engels, da qual os soviéticos se orgulhavam porque unia as duas margens do Volga, permitindo aos trens conectar Moscou ao Cáucaso, permaneceu crucial; porém, não mais para o desenvolvimento da indústria, e sim para o transporte de armas, soldados e provisões para o sul e para Stalingrado e porque facilitava o caminho rumo aos poços de petróleo, mais preciosos do que nunca. E é claro que ganhou grande relevância a base da Força Aérea, único lugar vital no deserto da região.

As moças de Raskova recebem a notícia de que se tornarão verdadeiras soldadas em Engels. Estão orgulhosas. No entanto, não conseguem evitar que a melancolia se insinue nos vagões aquecidos pelas estufas a lenha quando o trem deixa

Moscou. Não conseguem evitar o pensamento: "Será que voltaremos?".

— *Agora vocês vão dar risada* — *anuncia a velha Irina.*
O sol frio do inverno moscovita desapareceu. É uma noite de fevereiro, muito semelhante àquela na qual as jovens mulheres de uniforme partiram para Engels. Agora Moscou é uma constelação de luzes; o gelo faz brilhar o grande edifício da universidade, vizinho ao prédio onde mora Irina; os faróis dos carros iluminam as ruas cobertas de neve. Porém, como naquela época, a neve cai densa, tornando tudo, até o barulho dos bondes, quase rarefeito.
É hora de ir embora, Irina deve estar cansada. Disse-nos que no dia seguinte alunos e colegas virão visitá-la por conta da festa anual das Forças Armadas. Vão trazer-lhe doces e flores; como acontece todos os anos, vão brindar e trocar felicitações. Na Rússia de Putin, a festa das Forças Armadas é coisa séria, estende-se por três dias e, como a da Vitória, envolve os locais de trabalho, as escolas e as famílias. Provavelmente ela quer estar descansada e bem-disposta. No entanto, não parece estar com vontade de se despedir de nós. Uma nova lembrança sobrevém e, pelo visto, é uma lembrança alegre.
— *No vagão* — *conta, com um sorriso malicioso* —, *havia não apenas os assentos, mas também duas prateleiras de madeira nas laterais para colocar mercadorias. No centro delas, ao lado de uma bacia com água para nos lavarmos, havia um grande vaso branco: era o nosso banheiro, nosso WC. Nós*

o chamamos de "Seriozha" (Serginho) e fizemos piadas a respeito. Não se esqueçam de que estávamos indo para Engels em absoluto segredo. Por ordem de Stalin, não podíamos revelar a ninguém que havíamos sido recrutadas pela Força Aérea nem revelar nosso destino. Portanto, não era permitido falar a respeito nas cartas às nossas famílias, aos nossos amigos ou noivos. Eu finalmente tinha conseguido o endereço de Dimitri e queria escrever para ele. Não lhe disse onde me encontrava nem o que estava fazendo, mas, para tranquilizá-lo, contei que estava com um grupo de garotas, que conosco não havia nenhum homem, a não ser o... Seriozha. Era muito útil e sério – acrescentei – e nunca nos deixava. Escrevi isso mais de uma vez. Dimitri não entendeu, ficou irritado e com ciúme. "Se gosta tanto assim dele", respondeu-me, "fique com ele. Você vai ter de decidir, vai ter de escolher."

Um tapete de tranças

Alinham-se em fila na calçada, como aprenderam a fazer nos poucos dias passados na Academia Zhukovsky.

Ainda estão com os uniformes grandes demais e as botas que saem dos pés, mas tentam parecer bem-compostas: o olhar alto e severo, a postura rígida, como lhes recomendou Marina Raskova.

No entanto, a atitude marcial, adotada às pressas ao descerem do trem, não consegue esconder de quem as espera aquilo que são: moças com o olhar ingênuo e admirado, que fizeram uma viagem longa e dormiram pouco; os cabelos arrumados com dificuldade, o rosto mal enxaguado com aquele pouco de água à disposição. Não puderam lavar-se muito, e o que estão vestindo não está propriamente limpo. O exército não fornece roupas íntimas femininas e, após os dias de viagem, as poucas mudas de roupa que trouxeram de casa precisam ser lavadas. Além do mais, estão com fome. Por quase uma semana comeram pão e arenque e beberam chá com um pouco de açúcar. Mais do que a maior parte de suas famílias pôde oferecer-lhes nos meses anteriores, porém menos do que o apetite delas pedia. Por fim, estão cansadas. Levaram quase dez dias para percorrer pouco mais de oitocentos quilômetros.

Durante a viagem, estudaram, seguiram os conselhos de leitura de Marina, contaram histórias, cantaram, falaram da própria vida, trocaram confidências. No trem para Engels nasceram novas amizades.

Estão convencidas de que a guerra vai durar pouco. Questão de semanas, alguns meses no máximo. Assim que a grande pátria soviética puser em ação os planos de ataque, o inimigo será repelido com a contribuição delas.

Em fila na calçada, sentem os olhos dos oficiais sobre si. Olhares severos passam uma a uma em revista, examinando-as da cabeça aos pés, como se fossem animais estranhos, vindos sabe-se lá de onde e desembarcadas sabe-se lá por que na estação ferroviária de Engels. Não sorriem, não zombam delas como os soldados na Academia, mas em seus olhos elas veem a mesma desconfiança.

— São essas mulheres que querem pilotar aviões de combate? — diz um dos militares em voz alta, para ter certeza de ser ouvido.

Irina pensa em Marina Raskova, em suas palavras antes da partida. A comandante não escondeu as durezas da guerra, e elas imaginaram o pior. A viagem lhes deu uma amostra das dificuldades, mas não chegou a arranhar seu entusiasmo nem seu bom humor. No entanto, a hostilidade dos oficiais, a ironia dos soldados e o ceticismo dos comandantes não haviam sido levados em conta. Elas não tinham imaginado o escárnio nem os olhares maldosos que as acompanhariam.

Um oficial tem em mãos um envelope amarelo e, depois de lançar a elas um último olhar desconfiado, abre-o para ler a mensagem. Contém a primeira disposição oficial. O comando ordena que as futuras pilotas cortem os cabelos imediatamente. As belas tranças que trazem nas costas, cruzadas na cabeça ou enroladas na nuca não são adequadas aos gorros militares, à guerra, aos aviões, às batalhas; não se conciliam com suas novas tarefas.

Parece óbvio: alguma vez já se viu um soldado com cabelos longos e trançados? Elas são soldadas. Devem cortar os cabelos até a metade da orelha para ficarem o máximo possível semelhantes aos homens. No entanto, a ordem não era esperada e parece brutal.

Irina tem uma longa trança castanha como seus olhos e, como todas as jovens russas, orgulha-se dela. Sua mãe a ensinara a fazê-la todas as manhãs e a desfazê-la à noite, antes de dormir. Um ritual que, com suas companheiras, mantivera até mesmo naquela longa viagem de Moscou a Engels: enquanto o trem avançava lentamente, quando estavam cansadas de estudar, passavam parte do tempo fazendo novos penteados umas nas outras.

Depois da leitura da ordem, com o canto do olho observa Katya, jovem ucraniana e mecânica extremamente habilidosa, que traz duas tranças louras cruzadas na cabeça, como se fossem o diadema de uma rainha. Durante a viagem, brincaram sobre aquele complicado penteado, do qual, porém, ela sentia muito orgulho, respondendo que Deus lhe dera dois dons: mãos capazes de consertar qualquer coisa e cabelos especiais – bastos, fortes e dourados.

Quando o oficial termina de ler, elas não têm coragem de olhar nos olhos umas das outras; entram em fila e dirigem-se em silêncio ao barracão que lhes serviria de dormitório. Instintivamente, Irina sente vontade de acariciar a trança castanha pousada no ombro, mas se detém. Observa as companheiras e vê que algumas estão com lágrimas nos olhos. Até mesmo Natasha, a pragmática, madura e desencantada Natasha, que durante a viagem as tratou um pouco como meninas inexperientes, está perturbada. Duas moças que Irina não conhece vão para o fundo do dormitório e, sentadas na cama, cortam com tesouras algumas madeixas que colocam em um envelope: vão mandá-las para a mãe ou para o noivo. Ou talvez as guardem como recordação. Fica tentada a fazer o mesmo. Poderia enviar uma madeixa de seus cabelos a Dimitri, mas não o faz. Ninguém pensou em pedir uma permissão especial para manter as tranças. No entanto, depois de ler a ordem, o oficial acrescentou que se alguma delas, por motivos particulares, não quisesse submeter-se ao corte dos cabelos poderia pedir uma permissão especial a Marina Raskova. A comandante decidiria se abriria ou não uma exceção. Devia ter sido a própria Marina quem sugeriu essa cláusula, uma vez que manteve seus cabelos longos, que trazia repartidos ao meio e bem presos atrás da nuca para poder usar corretamente o gorro militar. Mesmo com os cabelos longos, sempre apresentava uma aparência bem cuidada e em ordem. Mas

Marina é Marina, é uma heroína, tem uma liberdade que as outras não podem ter.

Ninguém quer incomodar a comandante por uma "bobagem". Nem mesmo Katya, que esvazia sua mochila com gestos velozes e mecânicos, como se nada fosse, mas não ousa soltar as tranças para penteá-las como faz todas as noites.

No dia seguinte, sempre em fila, vão ao barbeiro do regimento. É o mesmo ao qual se dirigem os homens para seu primeiro corte como soldados. Uma após a outra, as futuras pilotas submetem-se a um ritual que se assemelha a um sacrifício. Não soltam os cabelos, pois demoraria muito para cortá-los. Limitam-se a inclinar a cabeça na frente do barbeiro, como se fosse uma guilhotina. Algumas fecham os olhos, como se estivessem prestes a sentir dor. Basta um movimento decidido da tesoura, e a trança cai no chão. Em seguida, o barbeiro apara um pouco nas laterais para encurtar os cabelos até onde exige a ordem militar, pouco acima das orelhas. Na sala lotada e sem adornos não se ouve nenhuma palavra, não há lágrimas nem lamentos. Reina um estranho silêncio, inexplicável em um lugar repleto de mulheres jovens. Um corte de tesoura após o outro, e o ritual se cumpre. As moças esperam umas pelas outras e saem como entraram: em fila. No chão há um tapete de tranças louras, castanhas, pretas, castanho-escuras e ruivas.

Atualmente, Irina sempre usa um gorro; gosta de manter-se aquecida. Segundo me diz, nunca mais deixou os cabelos cres-

cer. Permaneceram curtos como naquela época, como eram durante a guerra.

— Olhem — afirma rindo e tirando o gorrinho de lã com um gesto rápido —, ainda é o mesmo corte de Engels.

Obviamente a cor não é a mesma de outrora. Levanta-se com dificuldade do sofá, pega uma fotografia e a mostra para mim. Ali está ela, jovem, de uniforme, com olhos grandes e inocentes, os cabelos castanho-escuros, curtos, acima das orelhas. Tem o olhar intenso e doce, um esboço de sorriso. É uma bela foto, que nada tem em comum com a senhora idosa que está na minha frente. É inútil procurar romanticamente uma semelhança entre ambas. O tempo é inexorável: transforma, corrói, apaga as cores e os traços. Porém, não apagou a lembrança do dia em que a fotografia foi tirada.

7 de novembro de 1941, vigésimo quarto aniversário da Revolução Soviética. As jovens recrutas que chegaram a Engels acabaram de prestar o juramento quando Stalin fala na Praça Vermelha de uma Moscou assediada e em parte evacuada.

O chefe do Kremlin quer celebrar o aniversário da Revolução como sempre, com a parada militar, a música e os discursos, mas é difícil manter a retórica solenidade dos anos anteriores.

No dia que antecedeu a tradicional parada, ele reuniu o grupo dirigente do Partido no átrio da estação Mayakovskaya, a 33 metros de profundidade. A nomenklatura *chegou em um vagão que percorreu uma linha secreta. A reunião em local insólito, no subterrâneo, o vagão único – no qual se amontoam os homens importantes do Partido – e mesmo a simples revelação de uma linha secreta deixam transparecer os temores que a grande parada na Praça Vermelha queria ocultar: o momento é realmente grave.*

As estações da linha secreta podem servir de refúgio caso os alemães entrem na capital. Foi preparado um local operacional na Sovetskaya, entre o Bolshoi e a Mayakovskaya, para o caso de uma invasão. O metrô secreto também liga o Kremlin aos dois bunkers de Stalin, um debaixo do Estádio, com uma sala de reuniões e uma estação de rádio de onde se podiam transmitir os discursos oficiais, e outro debaixo de sua dacha. *De ambos os bunkers é possível chegar ao aeroporto. Em suma, tudo parece pronto para uma derrota possível e iminente.*

No entanto, as jovens nada sabem da história das linhas secretas do metrô: ela só será conhecida muito tempo depois.

No dia 7 de novembro de 1941, ouvem pelo rádio o discurso de Stalin em religioso silêncio. "Perdemos temporariamente uma série de regiões; o inimigo se encontra às portas de Leningrado e de Moscou". *E acrescenta:* "Os alemães calculavam que desde o primeiro confronto nosso exército se dispersaria e nosso país seria posto de joelhos, mas se enganaram redondamente. Apesar dos insucessos momentâneos, nosso exército e nossa marinha repeliram com heroísmo os ataques do inimigo em toda a linha de frente e lhe infligiram graves perdas; e nosso país, todo o nosso país, organizou-se em um único campo de combate para derrotar, com nosso exército e nossa marinha, os invasores alemães".

Irina se lembra bem do quanto ela e suas companheiras, que nesse dia importante fizeram uma foto, sentiram-se orgulhosas por fazerem parte do grande exército que derrotaria as tropas de Hitler.

O pássaro de madeira e percal

De longe, parece um pássaro desengonçado, descansando na pista do acampamento. De perto, lembra um brinquedo insolitamente grande. Ao regimento 588 coube o Polikarpov, bimotor simples e essencial, que algumas já conheciam dos cursos de voo.

Irina olha para o avião com surpresa e se aproxima com Katya e Natalya para observá-lo melhor. Veem que é de madeira – tal como um brinquedo – e recoberto por uma lona grossa. Possui dois lugares: um na frente, para a pilota, e outro atrás, para a navegadora. Uma vez sentadas, as duas aviadoras permanecem com o busto para fora. Não foi prevista nenhuma proteção contra o frio, a chuva e a neve.

— Vamos ter de nos agasalhar bem — sussurra Natalya para Irina.

Com efeito, a centenas de metros do solo, o primeiro perigo é o congelamento. Talvez as luvas, o gorro e o casaco forrados não sejam suficientes. Veem duas alavancas, uma ao lado de cada posição, que servem para erguer e baixar o aeroplano, e dois manches. Continuam a olhar, mas não há mais nada. Nem instrumento tecnológico e óptico para a mira, como viram em outros aviões, nem lugar para os paraquedas. Não entendem onde são colocadas as bombas. Segundo são informadas, a navegadora receberá uma bússola e um mapa. Munida deles e de muita experiência, treino e sorte, poderá identificar os objetivos a serem atingidos.

As jovens recrutas estão perplexas. São ingênuas, mas não tanto a ponto de não saberem que o avião que lhes é fornecido e com o qual deverão concluir as ações de guerra é velho, projetado no final dos anos 1920 e que até então era empregado para pulverizar produtos químicos em áreas agrícolas. Um avião rural, pacífico e comum. Não por acaso os alemães o chamam de "avião de milho". As moças descobrem que pode atingir 150 quilômetros por hora, mas é melhor mantê-lo nos 120, e que pode chegar a no máximo mil metros. Muito menos do que os aviões inimigos que atravessaram os céus naqueles meses. Sabem que a aviação soviética possui modelos bem mais sofisticados, capazes de voar em altitudes elevadas, enquanto a elas foi destinado um aeroplano simples, básico, infantil, que parece poder cair ao primeiro sopro de vento e incendiar-se com um palito de fósforo.

No entanto – explicam-lhes –, esse pássaro de madeira e lona tem muitas qualidades que, se bem utilizadas, podem traduzir-se em inegáveis vantagens. Justamente por ser muito simples, coloca-se facilmente em movimento; se alguma coisa não funciona, é possível intervir com eficácia; é fácil de manejar e difícil de ser identificado à noite. Além disso, é leve, ágil e não precisa de um aeroporto equipado para aterrissar: basta o terreno plano de um pomar, um campo de batatas ou uma estrada. Em poucas palavras, quando pilotado com audácia por mãos hábeis, chega aonde outros não conseguem chegar, ataca e foge sem ser atacado. Suas potencialidades estão todas na experiência, na coragem e na intuição de quem o pilota. Se as jovens adquirirem bastante competência, também com os Polikarpov poderão provocar sérios danos ao inimigo.

As moças começam a estudar e treinar sem trégua. As notícias que chegam são alarmantes: o Exército Vermelho ainda não se recuperou do choque inicial e custa a responder. As perdas são enormes. O exército foi derrotado em muitas partes da linha de frente ao sul.

O treinamento é duro: em tempos normais, seria de três anos; no caso delas, diante da emergência da guerra, não pode durar mais de seis meses. Para as pilotas e as navegadoras, são previstas 500 horas de voo, dez vezes as dos homens. As jovens ocupam-se catorze horas por dia, dez de estudo e três ou quatro de exercícios militares. As mecânicas trabalham até quinze horas. As condições meteorológicas não são sequer consideradas: as pilotas devem habituar-se a tudo. Decolam e aterrissam mesmo quando o vento parece varrer os frágeis bimotores, com a chuva e a neve que impedem a visão do campo, com a tempestade que as sacode e as lança para cima e para baixo no céu e com o gelo que enrijece os dedos e paralisa os pés. Aprendem os códigos e as técnicas de navegação, como orientar-se com os mapas, como alcançar o objetivo e fugir da artilharia antiaérea. Aprendem a carregar e soltar as bombas e, nos polígonos de tiro, a usar as metralhadoras e as armas de pequeno calibre. As armeiras devem treinar como transportar e erguer dispositivos que pesam até cem quilos.

Embora o avião seja simples e os comandos sejam básicos, voar à noite não é nada fácil. As jovens compreendem que a técnica, o estudo e a prática não bastam. Precisam adquirir qualidades particulares, aprimorar um instinto que lhes permita mover-se e sentir-se à vontade inclusive no escuro. Pois, sem luz nem pontos de referência, todas as sensações podem enganar. Pensam ir para a esquerda, quando na verdade vão para a direita; acham que estão no alto, quando na verdade estão descendo a toda velocidade. Depois de tanta resistência para serem acolhidas entre as fileiras do Exército Vermelho, agora se pede o impossível a essas moças. E cada uma delas responde como pode, dando tudo de si.

Irina fez cursos de paraquedismo e não tem medo do vazio nem do voo, mas para muitas de suas companheiras o treinamento é mais duro do que esperavam. Em Ludmila causa náusea e tontura; Tânia e Olga não se aguentam em pé quando terminam as sessões. A tensão é tanta que não conseguem dormir. Não têm certeza se no dia seguinte conseguirão recomeçar. Precisam lutar contra as vertigens, a exaustão e o medo; precisam cerrar os dentes e continuar como estivessem bem. Além do mais, nem mesmo as noites são tranquilas. De vez em quando, Marina Raskova manda soar o alarme, exigindo que se vistam e estejam prontas em cinco minutos. Uma delas tentou contornar o problema vestindo o uniforme sobre a camisola, mas, quando descoberta, foi obrigada a marchar com as pernas nuas na pista do aeroporto, sob o vento gelado. Uma vergonha da qual todas querem poupar-se.

As moças do 588 olham Marina com admiração cada vez maior, reconhecendo nela a têmpera de uma verdadeira comandante: está presente em todas as circunstâncias, continua a orientá-las, a corrigir seus erros. Não lhe escapam os momentos de fraqueza e de crise e os enfrenta abertamente. Se vê alguma delas extenuada após um voo difícil, olha bem em seus olhos e lhe pergunta:

— E então? Está a fim de voar?

— Claro que sim! — É a resposta imediata.

Se alguma outra dá sinais de capitulação, Marina pergunta sem rodeios:

— Está cansada? Ainda não estamos na linha de frente. Depois, já vou avisando, vai ser pior. Tem certeza de que consegue?

Não há dúvida de que vai conseguir.

— Está com medo de ir para a linha de frente? Sabe que o inimigo vai atacá-la?

— Não, sou eu quem vai atacá-lo primeiro.

Sob o olhar de Marina, a força e a coragem retornam.

Nesses meses de treinamento, Yevgueniya Rudneva, a amiga das estrelas, que aparentava ser a mais frágil de todas, parece completamente à vontade, feliz por voar e às vezes até mesmo eufórica. Certo dia, sussurra a Irina, que a observa perplexa enquanto espera sua vez de decolar:

— É uma emoção que nem tento descrever porque não conseguiria... quando voltei para o chão depois dos meus primeiros cinco minutos de voo, tive a impressão de ter nascido pela segunda vez, passei a olhar o mundo com outros olhos. Quando o avião desceu em parafuso, girando em torno de si mesmo, de repente vi o chão em cima da minha cabeça e, embaixo de mim, o céu azul, as nuvens a distância... Nesse instante ainda tive tempo de pensar que, durante um rápido movimento de rotação, o líquido não cai do copo. Às vezes penso com terror no fato de que eu poderia ter passado pela vida sem nunca voar.

Irina está admirada. Para ela e para muitas outras, ao contrário, as dificuldades são tantas que muitas vezes pensa não estar à altura. No entanto, resiste, e encontrou um modo todo seu para refrear a sensação de inadequação que de vez em quando a acomete: escreve a um amigo imaginário, ao qual confia emoções e temores. Chama-o assim mesmo, "amigo imaginário"; ele não existe e, justamente por isso, ela pode contar-lhe tudo.

— *Se essas cartas lhes interessam, podemos lê-las* — *diz-nos Irina. Ela guardou todas em uma gaveta da escrivaninha, algumas até foram publicadas. Não, não é Dimitri o destinatário. Ou talvez sim, mas, de todo modo, não podia mandá-las para ele. Não sabia onde ele estava. Lê para nós uma, escrita nos dias difíceis do treinamento.*

"Meu caro amigo imaginário e desconhecido, já lhe escrevi como vim parar no Exército, na aeronáutica e no grupo secreto de Marina Raskova. Foi a escolha certa naqueles dias terríveis.

Eu já não queria estudar física nem frequentar a escola de enfermagem: queria ir para a linha de frente. E eis que estamos em Engels, fazendo a formação no grupo de navegadoras. Dormimos em beliches na casa do esporte. Ao meu lado está Sasha Makunina, doutoranda da Faculdade de Geografia que, no entanto, não se tornará uma navegadora: tem pressão alta. Será destinada ao comando, mas, enquanto isso, dormimos uma ao lado da outra, estudamos juntas o código Morse e, à noite, antes de dormir, com um fio de voz conversamos sobre a vida. Esfrego os olhos de manhã e, na cama de cima, ouço um sussurro: 'Esta noite sonhei com minha mãe'; depois, um leve suspiro: 'Tem gente com sorte!'. E ainda: 'Gastei 11 rublos em um creme. Para quê, afinal? Só para me lembrar de que sou uma mulher...'"

Olho para Irina, que tem nas mãos as cartas para o amigo imaginário. Pergunto-me por que quer mostrá-las as nós. São tão ingênuas as palavras contidas nessas páginas, não parece que podem ter sido escritas pela velha senhora de olhar decidido que está na minha frente, nem pela severa acadêmica, cuja foto se destaca nas prateleiras da estante, que fez estudos e descobertas importantes. Entendo com certo atraso que não há nenhuma rendição à nostalgia, e sim, mais uma vez, a vontade de nos fazer compreender. No inferno da linha de frente sul, prontas a morrer, havia mulheres que eram pouco mais que meninas, que se sentiam perdidas e, no entanto, seguiam adiante. Não devemos nos esquecer disso, pois é esse fato que torna a sua aventura extraordinária.

Homens inimigos

Adotaram um cãozinho, que batizaram de Bobik, e disputam para ver quem lhe dá mais carinho. Bobik as segue por toda parte, marcha com elas e as acompanha até o refeitório e o dormitório. É meigo e manso, mas não suporta nem olhar para um ser humano do sexo masculino. Se vê um homem se aproximar, late e rosna ameaçadoramente. Adestraram-no para se comportar assim.

Em Engels, há instrutores, pilotos, jovens recrutas, oficiais, encarregados do abastecimento: são todos homens. Também há muitos estudantes, que Irina e suas colegas conheceram nos tempos em que frequentavam as salas da universidade, mas as recém-chegadas não lhes demonstram nenhuma cordialidade ou amizade. Ao contrário, ostentam indiferença e desconfiança.

No centro aeronáutico, onde estão aprendendo a lutar contra o inimigo, "as meninas da Raskova" (assim são chamadas) descobriram o semblante hostil de seus colegas homens. No início, a má vontade pareceu casual, ligada ao caráter de um ou de outro ou à surpresa diante da insólita presença de um grupo de mulheres em local até então inteiramente masculino. Depois, nos treinamentos, a inimizade manifestou-se de modo direto e, às vezes, até muito violento.

É compreensível que as moças se sintam inseguras. Não estão bem apresentáveis, estão desengonçadas em seus uniformes grandes demais, botas número 43 que ninguém ainda pensou em substituir e cabelos mal cortados sob os gorros militares. Trabalham duro, aprendem muito, mas os esforços ainda são insuficientes: não conhecem bem as regras, as hierarquias, a etiqueta militar, e colecionam uma gafe após a outra.

Os soldados, os oficiais e os instrutores as observam sem nenhuma indulgência, muitas vezes com um preconceito injustificado. Consideram-nas mulherezinhas frívolas, cheias de caprichos, e não economizam no escárnio, nas risadinhas, nos olhares de superioridade. As meninas da Rakova sofrem com isso e reagem do único modo possível: evitando com determinação todo contato com eles; simplesmente decidem evitá-los. Bobik, que entendeu o humor de suas amigas, late para todos os homens que encontra.

Para se sentirem mais fortes, ficam sempre juntas, prontas a retribuir o desdém masculino com audácia. À hostilidade e à ironia respondem com indiferença e altivez. Vão ao refeitório em fila, olhando para a frente, ignorando quem as observa ou cumprimenta, cantando, quase gritando uma canção que Katya é a primeira a entoar com voz estridente. Quando pilotos, instrutores ou soldados as veem passar, riem e gritam com escárnio:

— Lá vai o batalhão da morte.

Elas fingem que não é com elas e cantam em voz ainda mais alta.

— Meninas, olhem para eles de cima para baixo! — Sugere Vera Lomako, a grande aviadora que, com Marina, pilotou um hidroavião pela primeira vez de Odessa a Arkangelsk sem escalas, e por isso é admirada e amada por todas. Bastam suas palavras para que elas se sintam mais seguras. Vão conseguir e mostrar-se mais fortes do que aqueles homens insolentes. Repetem a si mesmas que Stalin por certo não teria decidido instituir regimentos inteiramente femininos se não estivesse seguro do que estava fazendo. E Marina Raskova, que é rigorosa e severa, tem uma confiança inabalável na capacidade delas.

No discurso do dia do juramento, a comandante relembrou o papel extraordinário que estão para ocupar na história. Segundo Marina, outras mulheres combateram pela própria pátria no passado: guerreiras como Joana D'Arc, Nadezhda Durova, no conflito de 1812, ou ainda Vasilisa Kozhina, que lutou na resistência contra Napoleão. Muitas mulheres participaram da Revolução e da guerra civil, mas eram exceções e, de todo modo, sempre lutaram em regimentos masculinos, com os homens ou sob seu comando direto.

— Nós, ao contrário — acrescentou com orgulho Marina —, somos mulheres soviéticas, mulheres de uma nação socialista livre. Em nossa Constituição, está escrito que as mulheres são iguais aos homens em todas as áreas. Hoje prestamos um juramento, juramos defender fielmente nosso país... resistir até o último suspiro em defesa de nossa amada pátria.

"Sim", pensam as moças que chegaram a Engels, para elas é diferente. Têm uma missão importante e a cumprirão corretamente, sem se deixarem abater. Por isso, afastam-se dos homens. Se permanecerem juntas, encontrarão a si mesmas e redescobrirão a força e a coragem que as conduziram até ali.

Não é fácil. Se por um lado é possível ignorar as palavras ofensivas dos oficiais, responder com raiva às provocações dos outros recrutas ou dizer não a uma proposta de amizade mais ou menos sincera dos estudantes recentemente alistados, por outro, não é possível evitar os instrutores, com os quais são obrigadas a passar muitas horas por dia. Eles também consideram as meninas da Raskova mulherezinhas que foram parar ali por um acaso ou um capricho qualquer; um incômodo que estorva o curso normal do treinamento militar, feito de gritos, impropérios, palavras vulgares, ordens despóticas e punições. Com as moças, os instrutores não podem permitir-se excessos, não é consentido. Os comandantes foram claros: devem conter-se, mudar seu comportamento. Então, vingam-se. Submetem-nas à pressão, mais do que fariam com um homem; não deixam passar o menor erro, ressaltam toda fraqueza, toda desatenção; as pequenas falhas, quando cometidas pelas meninas da Raskova, logo se tornam graves erros. Assim, o mal-estar e a desconfiança aumentam durante o treinamento, e a tensão pode ser cortada com uma faca.

Em seguida, o caso ganha repercussão. Marina Raskova é convocada pelo chefe da guarnição: o coronel Bagaev está preocupado e se queixa com a comandante porque as mulheres enviadas ao acampamento para aprender a voar e combater ameaçam as famílias dos instrutores. Muitas esposas dirigiram-se ao comando para denunciar o perigo. Essas jovens – disseram –, em contato contínuo com seus maridos, representam um atentado à unidade e à harmonia da vida conjugal. Ele pede satisfações a Marina Raskova. Segundo as jovens ficam sabendo, com satisfação e orgulho, sua comandante as defende sem hesitar. Responde ao coronel que suas meninas estão ali para aprender, que trabalham e estudam arduamente. Ao final, desfere com calma desdenhosa seu golpe mortal:

— O senhor é o comandante da guarnição; é a última pessoa de quem eu esperaria interesse por fofocas femininas.

As meninas se saem bem. Em 8 de fevereiro de 1942, o regimento 588 para o bombardeio noturno é oficialmente constituído. Duzentas mulheres voarão nos Polikarpov à noite, todas as noites, bombardeando as linhas alemãs. São pilotas, navegadoras e, com elas, em terra, estão as armeiras e as mecânicas. São apenas mulheres, nenhum homem combaterá ao seu lado, a nenhum homem pedirão ajuda. É esse o seu pacto, a tácita promessa que se fazem.

São informadas de que terão uma comandante: Yevdokia Bershanskaya, de quem sabem pouco.

— Será parecida com Marina? — pergunta Natalya em voz baixa à amiga Irina, quando lhes é apresentada a nova chefe. Natalya é uma pilota competente, disciplinada e severa consigo mesma. Também é a poetisa do grupo, e as meninas admiram muito suas composições. Mas é sobretudo uma grande observadora e, como ela mesma disse certa vez, consegue "ver o que os outros se limitam a olhar". Irina, que se tornou sua amiga, é fascinada pela capacidade da companheira de captar de imediato os humores e os sentimentos, de entender os caracteres e as situações, e muitas vezes busca em seus olhos a confirmação do que está pensando, dos julgamentos e das impressões dos quais não tem certeza. Natalya entende logo que, apesar do aspecto severo, Yevdokia sabe ser humana e acolhedora.

— Tem o sorriso tímido das pessoas gentis — sussurra a Irina.

Não está errada. As moças ficam sabendo da infância de Yevdokia na guerra civil, da perda da mãe, da primeira parte de sua vida, durante a qual, como tantas delas, conheceu privações e pobreza. E da paixão por voar. Voou por dez anos na aviação civil e tem uma grande experiência como instrutora. Tem 28 anos, apenas alguns a mais do que as moças que lhes foram confiadas, e enfrentou as mesmas dificuldades. Como elas, nunca esteve na guerra: aprenderão juntas.

A sintonia é imediata, o fio da empatia une no mesmo instante as jovens recrutas à nova comandante. Obedecerão a ela como fizeram com Marina e a seguirão por toda parte.

— Estou orgulhosa de que entre nós não haja homens — sussurra Natalya a Irina.

Quando Irina fala das relações das bruxas com os homens, mostra-se muito meticulosa. Passados 75 anos desde os dias em Engels, não tem nenhuma intenção de fazer vista grossa para a hostilidade masculina, não quer que seja esquecida, não a considera um elemento secundário em relação às dificuldades encontradas no início do caminho, e sim uma parte essencial da história das jovens. Ainda descreve com gosto a resposta orgulhosa das meninas da Raskova. Fico surpresa. Estou falando – penso enquanto ouço – com uma heroína da União Soviética, um ícone da luta contra o nazifascismo, a última representante de um grupo de mulheres que engrandeceu a história, e ouço palavras e comportamentos que são parte do feminismo radical dos anos 1970, incluído o separatismo. Porque – talvez Irina não saiba – seu regimento praticou o que outras mulheres teorizaram e exerceram quarenta anos depois, embora em situações menos trágicas: a separação dos homens para reencontrarem a si próprias e enfrentarem melhor um mundo que sentiam ser hostil a elas.

Estou certa de que, quando eu escrever sobre isso, pensarão que estou exagerando. Já ouço as objeções: "Tão feministas? Na União Soviética? Sob Stalin? Será que você não está divagando? Não estaria sobrepondo a sua experiência e a sua cultura à dela? Era tempo de guerra, não de feminismo". É o que me dirão.

Meus pensamentos são interrompidos por Irina:

— Vamos tomar um chazinho? — Sugere, como sempre, a certa hora da tarde.

Quando nos dirigimos à cozinha, geralmente o tom da conversa muda. Enquanto em seu escritório a velha senhora fala seguindo uma ordem preestabelecida e nunca se desvia de um esquema que, sem dúvida, preparou em sua cabeça, na cozinha deixa-se levar por lembranças imprevisíveis. Sentada em uma cadeira entre a geladeira e a mesa, outorga a mim e a Eleonora o preparo do chá e continua a falar. Nesses momentos a memória se liberta e segue percursos menos condicionados. Por isso, gosto muito das pausas para o chá, mas desta vez eu queria ter continuado a entender mais sobre o período separatista; queria outros elementos para responder a quem colocasse em dúvida a experiência feminista das bruxas. Eleonora também deve ter ficado impressionada com a raiva antiga de Irina pelos homens. Não diz nada, mas, enquanto traduz, seus olhos riem, e a voz não consegue esconder o entusiasmo.

Na cozinha, comemos biscoitos e bombons, falamos de seus filhos, um psicólogo e outro físico, a essa altura dois homens importantes e com uma posição consolidada nas respectivas profissões. Em seguida, de repente, como se tivesse interceptado pensamentos e dúvidas, Irina recomeça com as lembranças dos primeiros meses em Engels.

— Certa vez, algumas das nossas meninas encontraram uns rapazes estudantes de mecânica e matemática. Tinham feito o curso juntos, alguns eram amigos delas, fazia tempo que as conheciam; assim, espontaneamente e sem pensar, elas saíram da fila para cumprimentá-los e conversar um pouco. O restante do grupo ficou bravo, acusou-as de querer desonrá-las, ameaçou escrever para o Komsomol para denunciar sua conduta. As

culpadas desataram a chorar, deram razão às companheiras e juraram solenemente que não falariam mais com os homens. Éramos assim: intransigentes e decididas.

Lágrimas

Irina não consegue segurar as lágrimas. Sai da sede do comando com o rosto banhado e com vontade de soluçar como uma menina. Sabe que não deve fazê-lo. Nunca chorou nesses meses passados em Engels, nem mesmo quando o treinamento era mais duro, os instrutores, mais maldosos, e os voos de prova, mais arriscados. Nem mesmo quando passou semanas sem receber notícias de Dimitri e de sua mãe. Agora não consegue segurar-se.

Foi convocada de repente, nas primeiras horas da manhã. Não entendeu por que estavam chamando apenas ela, mas não se fez mais perguntas. Por serem jovens e inexperientes, elas muitas vezes não compreendiam de imediato as intenções dos chefes. Obedeceu e pronto.

Na sede do comando deram-lhe algumas rápidas informações, no habitual modo brusco e burocrático. As jovens que haviam chegado a Engels foram divididas em três regimentos; prevendo-se a partida para a linha de frente, havia chegado o momento de nomear os chefes, e Marina Raskova o fez rapidamente, sem hesitar. Como já era sabido, a comandante do regimento 588 seria Yevdokia Bershanskaya, e ela, Irina Rakobolskaya, seria a vice-comandante. Portanto, a partir desse momento, entraria para a equipe dos dirigentes, com tarefas de organização e controle.

Ao anúncio, Irina ficou sem palavras, anuiu por uma espécie de reflexo condicionado, despediu-se e saiu.

Agora chora porque tem medo de não dar conta do recado. Alistou-se há apenas quatro meses e ainda tem muito que aprender. Tampouco a tranquiliza o fato de ser "a vice" de Yevdokia Bershanskaya, uma mulher que tem muito do estilo de Marina e já comandou um grupo de pilotas da escola de aviação de Bataysk. Nas semanas anteriores, Yevdokia se revelou extraordinária: demonstrou que sabia voar à noite e orientar-se na mais completa escuridão como poucas; dava ordens sem nenhuma arrogância; já era amada e respeitada, e todas lhe obedeciam sem reservas. Além disso, havia no regimento outras mulheres importantes e capazes, como Sonya Ozerkova, engenheira responsável pelo bom funcionamento dos aviões. Era eficiente e muito rigorosa em seu trabalho, e as mecânicas a temiam e lhe obedeciam sem deixar escapar um só lamento ou queixa, mesmo quando lhes impunha trabalhos e turnos impossíveis. E havia Yevdokia Ratchkevitch, a comissária política, uma mulher que dava a alma pelo regimento, que era obcecada pela disciplina, pela ordem, pela linha do Partido e que controlava cada reação e sentimento delas. Suas companheiras a haviam apelidado de "mamotchka"; obedeciam-lhe, mas a mantinham a distância e falavam dela com certa ironia. Irina não tinha simpatia por aquela comissária política que pretendia controlar tudo; no entanto, era obrigada a admitir que ela sabia exercer sua autoridade. Sonya Ozerkova, Yevdokia Bershanskaya e Yevdokia Ratchkevitch podiam ser consideradas "chefes". Mas e ela, Irina?

Sente-se totalmente inexperiente. Sempre que decola, seus músculos ficam tensos e seu coração quase sai pela boca. Durante um dos últimos voos, ficou quase paralisada de medo quando achou que o motor do biplano não estivesse funcionando. À noite, muitas vezes não consegue dormir e sente uma saudade desesperada de sua mãe. Sabe que não tem nenhuma autoridade. Como podem pensar que dará ordens e organizará suas amigas?

Irina atravessa o acampamento correndo, tentando sufocar as lágrimas. Procura as companheiras: como contar a elas sobre sua promoção? Como a receberão? Ficarão contentes ou logo a sentirão diferente e distante? Trabalharam e estudaram duro nesses meses, ajudaram-se muito, e criou-se entre elas uma extraordinária e solidária união. Muitas vezes, quando para uma delas chegava uma carta de casa, liam-na e comentavam-na juntas. Todas tinham notícias dos dois filhos pequenos que Natasha deixara com os avós e todas participavam da difícil história de amor de Ludmila.

Naqueles meses, a vida de treinamento foi suportável, às vezes até agradável, pois havia suas amigas. Pensou na noite anterior, quando viram Olga triste porque fazia semanas que não recebia notícias do noivo. Um pouco para consolá-la, um pouco porque tinham vontade de se afastar da rígida disciplina do acampamento, organizaram uma pequena festa, dançaram e cantaram até ficarem sem voz. Muitas também fumaram cigarros e beberam um pouco de vodca. Depois viram uns gatinhos que tinham se aproximado da cerca do acampamento e os acolheram, alimentaram e confortaram. Os gatinhos famintos contribuíram para a alegria da noite.

Está para se tornar a vice-comandante das suas amigas. Deve haver algum engano, pensa de repente. Para no meio do acampamento e segura as lágrimas: sim, deve ter sido um mal-entendido. É preciso conversar em particular com Marina Raskova; ela entenderá e remediará a situação imediatamente.

Retorna, entra nas salas do comando e pede para falar com Marina. Sabe que é muito ocupada, que passa as noites à sua mesa de trabalho, que dela dependem não apenas os treinamentos, mas também os contatos com os generais e as contínuas negociações com os máximos dirigentes do Kremlin. A responsabilidade pelos três regimentos é sobretudo sua e, ao pedir para formá-los, assumiu muitos riscos. As moças a respeitam e evitam perturbá-la quando os problemas não são muito graves. No entanto – pensa Irina –, essa é uma questão importante, diz respeito ao comando do regimento, Marina precisa ouvi-la.

A comandante a recebe no mesmo instante. Sentada à sua escrivaninha, tem o olhar sereno, embora as sombras sob seus olhos tenham se tornado mais escuras. Irina se lembra de bater continência, como lhe havia sido ensinado quando estivesse diante de um chefe militar, mas fala sem nenhum preâmbulo, como uma menina que quer explicar tudo antes que os adultos sejam reabsorvidos por seus afazeres.

— Não posso me tornar chefe, não sou capaz, não tenho autoridade — diz.

Marina levanta os olhos dos papéis, fita-a em silêncio; por um segundo, seu olhar se obscurece e seu rosto mostra uma ligeira tensão. Mas é mesmo questão de um segundo: seu semblante logo se distende quase em um sorriso. Examina a jovem que sem dúvida chorou, mesmo estando com o rosto seco, e diz com voz tranquila:

— Neste momento, não gosto de conversas particulares. Estamos em guerra.

A Irina só resta bater continência, dar meia-volta e sair da sala. O encontro durou alguns poucos segundos.

Não há possibilidade de voltar atrás, é preciso enfrentar a situação. Mas como? A única solução que lhe vem à cabeça é avisar direta e imediatamente suas amigas. Vai até Sasha, que tem a cama ao lado da sua no dormitório e, depois de contar-lhe a conversa no comando, pede-lhe para fazer um experimento: vai chamá-la com voz severa e autoritária, como fazem os comandantes. Irina está séria, mas Sasha desata a rir:

— Não dá para ouvir você; é muito engraçado!

Não é uma reação tranquilizadora. Entra no salão onde sabe que vai encontrar boa parte das suas companheiras. Vê Olga bordando, Elena concentrada em apertar algumas calças, Zhenya imersa na leitura de um livro; não as cumprimenta e diz de uma só vez:

— Sou a vice-comandante, nomeada por Marina Raskova.

Surpresas e curiosas, elas se aglomeram ao seu redor; ainda não está claro o que aconteceu. Irina se tornou chefe? Elena não consegue reprimir uma risada. Zhenya não para de fazer perguntas. Irina, que finalmente conseguiu sufocar as lágrimas, sente que deve esclarecer sem demora o seu papel; as amigas devem entender, sem nenhum mal-entendido, o que mudou. Olha para elas com toda a seriedade de que é capaz, respira fundo e diz:

— Isso significa que, quando eu entrar em uma sala, vocês terão de se levantar e bater continência.

Elas anuem.

Nessa noite, não consegue dormir. Nem mesmo as palavras de Marina Raskova – "uma mulher é capaz de tudo" –, que Irina e suas companheiras repetem como um mantra nos momentos difíceis, são capazes de consolá-la. Sente-se inadequada e não sabe sequer por que foi escolhida. No comando não lhe disseram que apreciaram sua resistência, sua capacidade de trabalhar, estudar e voar mesmo com pouquíssimas horas de sono, a precisão com que consegue fazer o que lhe é pedido, sua inata capacidade de organização. Ela não se sente muito diferente das outras. Por sorte, as companheiras aceitaram bem a notícia, mas o que acontecerá a partir de amanhã? Terá de dar ordens, repreendê-las se necessário. Terá de organizar os voos, será responsável pelo bom funcionamento do acampamento. Como sempre faz nos momentos de dificuldade, Irina pega papel e caneta e escreve para seu amigo imaginário: "Tive uma grande dor: nomearam-me responsável pelo comando. Lembro-me de que no grupo de teatro costumavam me dar papéis diferentes, e eu nunca me saía bem. Que tipo comandante querem que eu seja agora? Será que vou conseguir? Vou conseguir de uma hora para outra? Quem vai me ajudar? Vai ser difícil... Eu queria uma carta da minha mãe, queria saber onde está. Para mim, esta é a coisa mais importante neste momento".

— *Eu achava Yevdokia Ratchkevitch, a comissária política, muito antipática.*

No final do relato, Irina se lembra da figura da "governante". Às vezes acontece – muito raramente, para dizer a verdade – de ela interromper o fluxo dos pensamentos, o relato que decidiu fazer naquela tarde, para voltar a um detalhe ou a uma pessoa.

— Encontrei-a alguns anos depois da guerra, por acaso. Estava sentada em um banco. Eu ficara sabendo que ela ainda se dedicava ao nosso regimento, que tinha voltado aos lugares onde nossas companheiras tombaram, tentado encontrar os corpos para dar a cada uma delas uma sepultura. Somente então, depois de tantos anos, entendi quanto nós, meninas, fomos importantes para ela. E quão injustamente a acusamos de só querer nos controlar. Aquela vigilância não era apenas em obediência ao Partido; ela havia continuado a nos seguir mesmo depois da guerra e tentado encontrar até quem já não estava viva. Nesse dia, também me sentei no banco e lhe falei com sinceridade. "Não fomos amigas", disse-lhe, "somos pessoas diferentes, mas meu julgamento sobre você mudou. Nesses anos, você fez uma coisa sagrada, e lhe agradeço." Abracei-a.

O regimento das tolinhas

Gostamos de ver junto com Irina as fotos que retratam as bruxas nos anos da guerra. Ela cita nomes, descreve caracteres, fala delas e das circunstâncias em que a foto foi tirada.

Muitas dessas imagens são de Yevgeny Ananèvich Khaldei, um dos mais famosos fotógrafos oficiais do Exército Vermelho, autor da foto símbolo da vitória sobre o nazifascismo: o soldado russo que, depois da capitulação de Berlim, hasteia a bandeira vermelha no Reichstag.

Khaldei fotografou as bruxas para os retratos oficiais e em seu dia a dia durante a guerra: sob as asas de um Polikarpov, quando se cumprimentam antes de um voo; em um desfile diante dos oficiais; enquanto olham um mapa ou seguram o manche; ou ainda nos momentos de descanso, quando dançam o kazatchok, leem e fumam cigarros.

São imagens serenas, vitais, muitas vezes alegres. Nos olhos dessas mulheres brilha a luz do entusiasmo, o fogo da juventude. O fotógrafo do Exército Vermelho não retrata situações desagradáveis ou feias, não registra momentos de ansiedade ou angústia; relata a amizade, o afeto, a camaradagem. As mulheres diante da objetiva sorriem com orgulho, como quem sabe que está fazendo algo especial, único, grande.

Enquanto vê as fotos, Irina fala de sentimentos positivos, conta anedotas divertidas, e sua narração também tem o toque do bom humor e do otimismo. No entanto... no entanto, há algo que não coincide de maneira exata entre suas palavras e as imagens do grande fotógrafo. O tom desprovido de retórica, preciso, quase professoral, muitas vezes irônico da velha bruxa não oculta nenhuma das verdades que as fotos, ao contrário, omitem: para as recrutas do regimento 588, o início não foi exaltante e heroico. Claro, elas eram jovens, exuberantes, quase sempre alegres e sorridentes; queriam ser fortes e corajosas, defender a pátria e tornar-se, em tudo e por tudo, iguais aos homens. Mas não foi fácil; muitas vezes foi triste, duro, doloroso e até humilhante.

Em março de 1942, as bruxas parecem estar prontas para a linha de frente. Finalmente podem partir, podem enfrentar o inimigo. Nos meses em Engels aprenderam muito, e agora estão ansiosas para mostrá-lo. Assim, em uma noite em que o tempo está ameno e o céu límpido, alguns aviões levantam voo, seguindo a rota indicada para o polígono de bombardeio. A decolagem é festiva, a excitação, grande; é uma espécie de prova geral.

Em seguida, acontece o que é fácil acontecer no mês de março na Rússia: de repente, o vento aumenta, a temperatura cai e chega a neve, que reduz a visibilidade, impede a identificação dos sinais luminosos, apaga as luzes do aeroporto. É uma questão de segundos: a terra escurece, o horizonte desaparece, a luz das estrelas se confunde com a dos postes nas ruas. Poucos instantes, e a rota já não é clara. No Polikarpov não há nenhum instrumento que supra a perda repentina de luz e orientação.

— Voávamos como se estivéssemos imersas em leite — conta Yevdokia Bershanskaya quando retorna à base.

Na tempestade de neve ocorre a tragédia. Dois aviões não retornam do voo. Quatro moças, quatro amigas, são engolidas pela tempestade e desaparecem em meio ao nada. Nadya, Lília, Anya e Marina, que no grupo das meninas da Raskova estavam entre as mais diligentes e preparadas, perdem a rota e caem não se sabe onde. As outras as esperam por horas. Com os olhos voltados para o alto – ainda não estão na linha de frente, ainda não pensam na morte –, olham incrédulas para o céu que, nesse meio-tempo, clareou. Um terceiro avião também caiu, o de Ira e Rufina, mas elas se salvaram por milagre. Saíram com alguns arranhões, mas conseguiram chegar ao aeroporto.

Dois dias depois, as moças ainda atordoadas recebem os restos mortais de suas amigas no mesmo salão onde poucos dias antes tinham dançado todas juntas. O semblante de Marina Raskova e Yevdokia Bershanskaya está sombrio, tenso e desolado; mais uma vez, as palavras da comandante que coloca um buquê de flores sobre os caixões são endereçadas ao coração:

— Descansem, caras amigas. Vamos realizar seu sonho.

De maneira feroz e cruel, à dor se acrescenta a humilhação. Era para ter sido o voo da emancipação, deveriam ter demonstrado que tinham aprendido, que eram capazes de pilotar, de bombardear, de voltar à base. No entanto, deu tudo errado, e quatro delas já não estão presentes.

Após essas mortes, o veredito do comando é drástico: o regimento 588 não passou no exame, ainda não está pronto para a linha de frente, tem de continuar o treinamento por pelo menos mais dois meses.

Às moças só resta baixar a cabeça e aceitar o duro veredito. Continuam a trabalhar duro e, somente no final de maio, chega a ordem tão desejada: podem deixar o centro de Engels para o *front* meridional, na linha de fogo entre Voroshilovgrad e Rostov. Finalmente estão prontas e, desta vez, apesar da dolorosa e negativa primeira experiência, sentem-se mais seguras. Irina e Olga antecedem o regimento para preparar a chegada. Todos juntos, os aviões levantam voo de Engels: guiados por Marina Roskova, formam uma fileira geométrica, compacta, um V que se sobressai no céu límpido. Assim, nessa ordem, que já mostra experiência, disciplina e controle, devem aterrissar no aeroporto de destino e apresentar-se aos comandantes do quarto esquadrão aéreo do major-general Aleksander Vershinin. Desta vez, tudo ocorrerá conforme as expectativas.

Entretanto, na última meia hora de voo, ocorre o imprevisto. As mulheres que pilotam os Polikarpov veem alguns aviões se aproximarem. Quem são? Parecem aviões soviéticos, têm a estrela vermelha na lateral. Mas então, o que estão fazendo no céu? Por que estão se dirigindo até elas? Por que as flanqueiam? Elas veem que vão primeiro para a direita, depois para a esquerda, sempre se aproximando um pouco mais, como se quisessem empurrá-las para outra direção. Não há rádio para comunicar-se com a comandante, não há como entender o que está acontecendo, só se pode tentar olhar com mais atenção. Entre algumas delas se insinua a dúvida: talvez não fosse a estrela vermelha o que viram nas laterais dos aviões, talvez fosse uma suástica, sim, devia ser uma suástica, eram os caças do inimigo, que chegaram do nada para ameaçá-las. Elas sabem que as tropas alemãs não estão muito distantes, que estão avançando com rapidez; não seria de espantar se aqueles fossem aviões da *Luftwaffe*.

A ordem desejada por Marina, e que até então tinham seguido com diligência, acaba se rompendo. Dois Polikarpov, dos quais os caças tinham se aproximado muito, temem o ataque direto e tentam evitar o perigo. Ganham altura e, quando percebem que estão sendo seguidos, voltam para baixo. A manobra assustada e desalinhada dos dois aviões fragmenta definitivamente a formação. São minutos de confusão e medo, até que ocorre outro fato inexplicável: assim como chegaram, os caças se afastam.

Somente então as jovens compreendem que foram objeto de uma brincadeira de mau gosto: sabendo de sua chegada, alguns companheiros quiseram pregar-lhes uma peça, provocá-las, mostrar quanto ainda são fracas e despreparadas, incapazes de enfrentar o inimigo. De fato, por não esperarem ser flanqueadas por nenhum avião, elas foram tomadas pelo pânico e não conseguiram de se controlar. O mal já está feito, e a chegada à linha de frente é humilhante. O alinhamento ordenado e compacto, desejado por Marina Raskova, já não existe. Aterrissam desordenadamente, e quando descem dos Polikarpov veem grupos de pilotos e oficiais rindo:

— Suas tontas, não sabem distinguir a estrela vermelha de uma suástica — é o comentário mais benevolente.

Mais uma vez, Marina as socorre. A comandante, que as guiou até a linha de frente, quer fazer um último discurso antes de voltar para Engels e, em um ensolarado dia de junho, reúne-as em um barracão quente e sufocante. Marcando cada sílaba das palavras – parece dirigir-se diretamente a cada uma delas –, encoraja as jovens:

— Não permitam que a desconfiança encontrada até aqui atinja vocês. Nunca existiu um regimento exclusivamente feminino. Ainda que vocês e eu não achemos nada de estranho nisso, os homens ficam surpresos.

Marina tem certeza de que combaterão bem e receberão os reconhecimentos e as honras que a pátria reserva aos heróis.

Sentem-se novamente encorajadas e, quando a comandante lhes deseja sucesso, entregam-se a um grito de entusiasmo.

No dia seguinte, estão em posição de sentido diante do general Markian Popov, comandante da divisão aérea de bombardeio noturno 218, que combateu em Leningrado e em Moscou e, nesse momento, encontra-se na linha de frente sul. Sabem muito bem que confirmaram os piores preconceitos contra si próprias: que são mulheres choronas, medrosas e sem experiência, que não serão capazes de enfrentar os refletores e a artilharia antiaérea inimiga. Sabem que seu regimento já foi denominado "regimento das tolinhas". Não sabem – felizmente, do contrário seu astral estaria baixíssimo – que os altos dirigentes também pensaram em utilizá-las o mínimo possível. "Talvez no meio de uma ação comecem a chorar e a gritar 'mamãe'", dissera um alto oficial em uma reunião. De qualquer forma, Popov decidiu adiar pelo menos mais duas semanas a primeira ação de guerra. Enquanto são passadas em revista, pensam: será possível que os generais, que nessas semanas estão sofrendo um ataque após o outro, consideram inúteis nossas competências, nosso entusiasmo, nosso patriotismo, nossa capacidade de formar uma equipe? Tentam manter um comportamento sereno, mas se sentem intimidadas e irritadas. O semblante do general é sombrio, a notícia dos acontecimentos da véspera também deve ter chegado aos seus ouvidos. Seu olhar é frio e impenetrável, e passa uma a uma em revista. Em seguida, olha para os Polikarpov, que estão alinhados no terreno, e aproxima-se para examiná-los melhor. Parece mais interessado neles do que nas jovens pilotas, que permanecem rígidas, em posição de sentido. A hostilidade no semblante se atenua, ou melhor, é substituída pelo desconforto. Markian Popov está visivelmente contrariado. Sem dúvida, nem mesmo o nome de Marina Raskova consegue fazê-lo mudar de humor e de opinião.

Algumas horas mais tarde, chama Vershinin, seu chefe e general do quarto esquadrão, e lhe pergunta:

— Passei em revista 112 princesinhas. O que acha que devo fazer com elas?

Ljuba e Vera não voltam

No dia 8 de junho de 1942, realizam sua primeira ação de guerra. Têm de alcançar e bombardear uma divisão alemã perto de Voroshilovgrad, a cerca de meia hora de voo do aeroporto improvisado onde se encontram, destruir os depósitos de munição e combustível e atacar veículos e soldados.

A *Wehrmacht* está conquistando rapidamente a Ucrânia. Entrou em Carcóvia, grande centro industrial que produz equipamentos militares, entre os quais os mais importantes modelos de tanques, e continua a ofensiva na linha de frente meridional depois de ter infligido graves perdas ao Exército Vermelho, em condições que parecem favorecê-la. Agora se dirige a Rostov.

Antes da partida, Yevdokia está calma como sempre. Passou as instruções a Irina que, por sua vez, faz de tudo para parecer serena. Mas não está nem um pouco tranquila. Não pregou o olho na noite anterior e descobriu que não foi a única.

Três aviões vão partir: além do Polikarpov da própria Yevdokia, outro será pilotado por Ljuba, e o terceiro, por Anya. A noite está tranquila, o vento é leve, por certo não vai perturbar o voo – pensa Irina, que até o momento consultou os mapas e verificou as condições do tempo com os poucos instrumentos à disposição. Os soldados alemães que chegaram até ali devem estar cansados e não esperam por uma incursão noturna.

O plano é estabelecido com precisão. O primeiro a partir será o avião de Yevdokia; após 15 minutos, será a vez de Ljuba e, por último, decolará Anya. Foi a comandante a escolher, com sua habitual firmeza, a formação para o primeiro voo de guerra. Sabia que todas queriam participar da ação e, sem dizer uma palavra, deu a entender que a decisão cabia exclusivamente a ela.

Verificam-se pela última vez os motores e o número de bombas que as navegadoras podem carregar. Nas primeiras horas depois do pôr do sol, na pista estão não apenas aquelas que devem partir. Todas as moças do 588 vieram cumprimentar suas amigas e observar os preparativos: os semblantes tensos, os olhos atentos, os sorrisos forçados. Ainda não conhecem nem são capazes de prever a reação do inimigo. Porém, do êxito dessa primeira missão também depende muito mais: sua preparação, sua experiência e sua coragem serão avaliadas. E certamente os juízes não serão benevolentes.

O primeiro avião parte; após cerca de 15 minutos decola o segundo; por fim, o terceiro. Quando o ruído do motor do Polikarpov pilotado por Anya se afasta, cai o silêncio. Agora só resta esperar. Pode-se calcular mentalmente – todas as moças o fazem – o tempo para chegar ao objetivo, soltar as bombas e retornar: aproximadamente uma hora. Na pista fala-se pouco, os olhos estão todos voltados para o céu.

Irina prefere olhar os mapas e controlar os ventos e os tempos. Na ausência de Yevdokia Bershanskaya, é ela a responsável e sabe que muitas examinam seu rosto; não deve transparecer nenhum sinal de ansiedade, continua a mostrar-se segura e ocupada.

Depois de pouco mais de uma hora, eis o ronco de um motor. Em seguida, três luzes aparecem no céu. Um avião voltou e, como se esperava, é o de Yevdokia. A comandante chegou ao objetivo e o atacou. Depois dela – tem certeza – também Ljuba, auxiliada pelas luzes do primeiro bombardeio, deve tê-lo atingido. Yevdokia está visivelmente satisfeita. Passam 10 minutos e vem outro Polikarpov: o de Anya. Ljuba deveria ter voltado primeiro, mas ainda não há por que se preocupar, ela tem gasolina para pelo menos mais uma hora de voo. Pilotas e navegadoras descem correndo, sorriem, têm a excitação estampada no rosto e são cercadas pelas colegas, que pedem informações e detalhes. Sentada a uma mesinha improvisada, Irina começa a redigir os primeiros relatórios. Depois, todos os olhares se voltam novamente para o céu. Esperam o avião de Ljuba e Vera, mas no céu só há silêncio e estrelas. Aos poucos, a preocupação começa a espalhar-se pelo acampamento. Yevdokia as tranquiliza ou, pelo menos, é o que tenta fazer: as duas moças devem ter tido uma avaria; devem ter feito um pouso de emergência; não há razão para ficarem apreensivas;

se não retornarem em algumas horas, vão procurá-las. Ninguém acredita em suas palavras, nem mesmo ela.

Passam os minutos, as horas, o céu permanece em silêncio, a lua começa a ir embora, os olhares começam a entristecer-se e se enchem de lágrimas. Às primeiras luzes da aurora, palavras são desnecessárias.

A partir dessa noite, tudo muda: a guerra entrou na vida das mulheres do 588 pela porta principal, a da morte. O inimigo matou duas delas, e isso muda profundamente as moças inocentes e alegres que, apenas alguns meses antes, tinham se apresentado à Academia Zhukovsky esperando ser mandadas o mais rápido possível à linha de frente para salvar a pátria. O entusiasmo, o patriotismo e a solidariedade adquirem um sentido diferente, uma dimensão mais trágica. Agora as meninas da Raskova querem não apenas defender seu país, mas também responder a quem as atacou, vingar suas companheiras e bombardear de imediato e sem trégua quem as matou.

Na noite seguinte ao desaparecimento de Ljuba e Vera, o céu da parte da Ucrânia que a *Wehrmacht* já invadiu é percorrido sem trégua pelos pequenos bipostos de lona; as luzes dos Polikarpov se acendem e se apagam, o silêncio se alterna ao ruído dos motores e ao estrondo das bombas lançadas a intervalos regulares. Todos os aviões saem, um após o outro e, um após o outro, retornam para serem reabastecidos e continuar a bombardear. Os acampamentos alemães nas proximidades de Voroshilovgrad são atingidos várias vezes, barracas e depósitos se incendeiam. A artilharia antiaérea é pega de surpresa. Pilotas, navegadoras, armeiras e mecânicas se empenham sem saber o que é cansaço. Em prol da eficácia, decidiram experimentar um novo modo de transportar as bombas. Não as levarão mais sobre as pernas, como tinham pensado e feito no primeiro voo, mas em uma caixa sob o avião, com uma abertura comandada por uma corda: quando a navegadora a puxar, cairão no alvo. Desse modo, poderão transportar um número maior de bombas e mais pesadas. É um método eficaz que ainda tem de ser aperfeiçoado, mas lhes permitirá atacar melhor. Antes de começar os bombardeios, as armeiras escrevem com tinta branca em cada Polikarpov os nomes de Ljuba e Vera. Caso os inimigos consigam interceptá-las, devem saber que aquelas bombas caem para vingar a morte de suas companheiras.

Na segunda noite de guerra, o número de voos das mulheres do 588 é quase igual ao de um regimento masculino, e além da dor, que permanece profunda, pela primeira vez nasce em cada uma das meninas da Raskova a consciência de possuírem uma força e o estímulo para demonstrá-la por inteiro.

Em uma tarde de 1965, 23 anos após esses fatos, Irina recebe em seu escritório na universidade um telefonema de Natalya Fyodorovna Meklin, sua amiga escritora e poetisa, que nos anos de guerra se tornara uma das pilotas mais famosas do 588 e que contava bons 980 voos em seu currículo. Irina e Natalya permaneceram muito ligadas e, justamente nesses dias, estão pensando em escrever uma dupla biografia. Natalya tem a voz trêmula.

— Encontraram os corpos de Ljuba e Vera — *diz-lhe quase em um sopro.*

Quem os descobriu foi a comissária política do regimento delas, Yevdokia Ratchkevitch, a mamotchka.

Em um vilarejo ucraniano foi encontrada a carcaça de um avião antigo. Dois velhos habitantes do lugar contaram que era um Polikarpov que muitos anos antes, durante a guerra, fora atacado pela artilharia antiaérea e se precipitara contra o solo. Nenhum dos habitantes do vilarejo teve coragem de se aproximar do local em que ocorrera a queda. O inimigo ainda estava ali e temiam sua vingança. Foram justamente os alemães os primeiros a chegar e encontrar na cabine do pequeno aeroplano os corpos de duas mulheres, mortas sem dúvida no impacto. Tiraram seus revólveres, seus poucos pertences pessoais e se afastaram. Somente então, quando os soldados foram embora, alguns camponeses tomaram coragem para se aproximar. Viram uma bela jovem de cabelos castanhos, com o rosto intacto apoiado contra o vidro do pequeno avião, e atrás dela outra mulher de tez pálida e um pequeno nariz achatado. Recolheram os corpos e os sepultaram às escondidas.

Em fuga

— *Ao chegarmos à linha de frente, vimos o Exército Vermelho em fuga... Estavam fugindo.*
Quando Irina começa a contar sobre o verão de 1942, seu relato é brutal. Vladimir Aleksandrovitch, funcionário do Ministério da Defesa que nos apresentou à bruxa e que de vez em quando assiste aos nossos encontros, tem um sobressalto que nos causa espanto. Em geral, ele se comporta com Irina como um devoto faria com seu santo protetor. Ouve os relatos com um misto de adoração e gratidão, quase com deferência, sempre como se fosse a primeira vez. Nesse dia, por ocasião da festa das Forças Armadas, levou-lhe um belíssimo maço de tulipas brancas. O respeito quase idólatra do funcionário ministerial não é de surpreender: a velha senhora de óculos espessos e gorro engraçado que está sentada à nossa frente é um ícone, um dos poucos símbolos ainda vivos da Grande Guerra Patriótica, fundamento no qual se baseia a identidade da Rússia de Vladimir Putin. As últimas palavras da bruxa sobre o front *sul da Grande Guerra Patriótica devem mesmo tê-lo atingido, pois o*

devoto funcionário não consegue esconder sua contrariedade e intervém.

— Não estávamos em fuga, Irina Rakobolskaya. Talvez a senhora esteja querendo dizer que, naquele momento, decidimos nos retirar.

Irina o examina com olhar interrogativo e severo, como se olha um estudante que tem a ousadia de interromper uma aula.

— Não, Vladimir Aleksandrovitch — responde. — Quis dizer exatamente o que disse: no verão de 1942, nós fugimos; diante do inimigo, nossos soldados escaparam.

O afetuoso funcionário nos lança um olhar de quem busca cumplicidade: afinal, a heroína, a professora de física, a acadêmica de indiscutível prestígio, a Nachthexe tem 96 anos, pode apresentar alguma falha de memória, não usa os verbos com seu significado exato; é preciso ser compreensivo. Claro, em 1942, as tropas soviéticas se retiraram, deram espaço ao inimigo, mas no âmbito de uma estratégia militar que previa, sem demora, o ataque e a vitória. Em suma, retrocedia para avançar mais, recuava um passo para avançar dois.

Com gentileza, ainda tenta corrigi-la:

— Irina Vyatcheslavovna, talvez esteja querendo dizer que, naquele momento, recuamos...

A bruxa fica impaciente, bufa, faz um gesto com a mão como para apagar palavras inúteis e supérfluas, depois diz destacando cada sílaba:

— Não, Vladimir Aleksandrovitch, nós fugimos, fugimos mesmo. Os alemães avançavam, estavam perto do monte Elbrus, estavam para alcançar nossas reservas petrolíferas, e não *conseguimos detê-los. Foi isso que encontramos na linha de frente em 1942.*

A Vladimir Aleksandrovitch só restou calar-se. A bruxa mostrou as garras e, com poucas frases, silenciou-o. Contará a história como ela própria a viu e viveu, e em seu relato não respeitará nenhuma liturgia; não levará em consideração nenhuma revisão oficial.

Conseguiu dormir em uma cama, uma cama de verdade, com travesseiro sob a cabeça. Pela primeira vez após semanas, sente-se um pouco mais tranquila. Aterrissaram em um pequeno acampamento montado ao lado do vilarejo ainda habitado: os alemães ainda não haviam chegado àquela região; aliás, segundo as informações, estão longe dali. Em algumas horas, a aeronáutica enviará os suprimentos de que o regimento precisa: víveres, gasolina, bombas. Os voos noturnos poderão realizar-se regularmente.

As moças do 588 estão confiantes. Pararão por alguns dias, podem até mesmo esperar a chegada do correio. Irina teve tempo de olhar os mapas e organizar os turnos. Antes de dormir, viu Natalya tirar da mochila o caderno em que escrevia suas poesias. Só o faz quando acredita ter pela frente algumas horas de tranquilidade.

É despertada de repente por um rumor confuso de vozes, gritos, palavras que não consegue distinguir. Ainda não está totalmente consciente quando ouve o grito de Natalya.

— Estou aqui, estou aqui, temos de ir.

Nenhum avião nem tanque se aproximam, não se ouvem passos, reinaria o silêncio se não fossem aqueles gritos alterados, se as moças não corressem agitadas de um lado para outro. Irina entende: o vilarejo que pensavam ainda ser habitado por russos já estava ocupado pelos alemães; era uma questão de minutos para serem descobertas e aniquiladas. Tinham de levantar voo rapidamente e ir embora – com o risco de serem identificadas e descobertas em plena luz do dia –, a fim de procurar outro terreno para ser utilizado como aeroporto.

Nos primeiros terríveis e desordenados meses de guerra, muitas vezes acontece de o acampamento ter de ser desmontado antes do previsto, de os aviões terem de alçar voo de repente para fugirem do inimigo, mesmo durante o dia. São momentos perigosos, mais do que os noturnos. Nos céus dominados pelos caças inimigos, os Polikarpov são particularmente vulneráveis sem a proteção da escuridão.

Para as moças do regimento 588, o aspecto mais perturbador da primeira experiência de guerra não é a dureza do conflito, e sim a confusão, a desorganização, as incertezas do comando, o tumulto que as tropas inimigas conseguem provocar entre as fileiras soviéticas. Quando voam de dia, veem o que a escuridão esconde. Colunas de soldados que se retiram, arrastando armas e canhões. Os habitantes dos vilarejos com suas carroças, mulheres, velhos e crianças deixando as terras ocupadas pelos alemães, levando embora o que podem e dirigindo-se para o sul. Veem o desespero e a derrota enquanto se perguntam: "Onde podemos aterrissar?".

Não é um problema de fácil solução. É quase inútil tentar calcular a distância do inimigo, fazer planos e identificar zonas mais seguras, como Yevdokia e Irina tentam fazer todos os dias. Com frequência cada vez maior, são obrigadas a pousos improvisados em campos, pomares, vilarejos abandonados, onde exploram os poucos recursos remanescentes e, à espera da chegada de ajuda, fazem tudo sozinhas: verificam os aviões e o carregamento de gasolina e das bombas. Quando não encontram um local adequado, são obrigadas a permanecer no ar até conseguirem identificá-lo. A essa altura, não é fácil comunicar-se com as outras, pois não contam com um rádio para enviar mensagens. Então procedem como podem. Em geral, Yevdokia pousa primeiro e, depois de chegar, acende uma fogueira na pista. É o sinal: as companheiras podem segui-la.

Também nesses momentos é necessária a máxima prudência. As fogueiras acesas como sinal não devem ser muito altas, não devem atrair a atenção dos inimigos. Yevdokia faz arder uma pequena fogueira ou usa um lampião a querosene.

— Daqui a pouco, para aterrissar, vamos nos orientar pela luz dos cigarros da comandante — comenta Yevgueniya, que felizmente nunca perde o senso de humor.

O fato é que as meninas da Bershanskaya chegaram à linha de frente apenas algumas semanas antes de 30 de junho de 1942, quando Hitler lançou sua ofensiva na parte meridional e oriental da União Soviética com o sugestivo nome de

"Operação Azul". Partindo da Ucrânia já ocupada, o exército alemão visa derrotar as tropas soviéticas às margens do Donets, conquistar a região de Donbass e dirigir-se ao sul, rumo ao Cáucaso, e a leste, rumo a Stalingrado. Com o petróleo do Cáucaso, alimentará uma máquina bélica que começa a ter dificuldades, garantindo assim a continuação da guerra. Com a conquista de Stalingrado, ocupará um núcleo industrial, ferroviário e fluvial fundamental e, sobretudo, estrangulará a cidade-símbolo do poder stalinista. O impacto ideológico e propagandístico será enorme, talvez semelhante àquele tentado com a ocupação de Moscou.

Quando o regimento 588 começa a bombardear, parece até que os alemães conseguem suportar. No *front* sul, o Exército Vermelho é derrotado. A guerra que o pegou desprevenido e começou mal continua pior, e revela uma dramática falta de estratégia. A *Wehrmacht* conquista Carcóvia, Rostov e Voronej, apodera-se de Stavropol, chega a Voroshilovgrad, com o sexto exército do general Von Paulus assedia Stalingrado, pronta para marchar em Kuban e, portanto, alcançar Bodrum. O inimigo parece invencível às tropas soviéticas com seus tanques, seus caças supervelozes, sua disciplina inflexível, sua capacidade de avançar mais de 48 quilômetros por dia e sua lucidez estratégica. As moças sabem que se eles chegarem aos oleodutos do Cáucaso antes do grande inverno russo, será impossível conter seu avanço e o Exército Vermelho sofrerá uma derrota catastrófica. Por isso, é necessário retardar essa marcha impetuosa, com a esperança – não sem fundamento – de que a neve e o gelo possam mais tarde constituir o impedimento natural e insuperável para um exército ainda que bem equipado como o alemão.

    Contudo, o inverno não chega, e o Kremlin parece mudo.

"Nem mais um passo para trás"

Irina está com o rosto sujo de poeira. Está para ler para as suas companheiras, que se encontram em posição de sentido, uma ordem vinda de Moscou. As páginas que tem em mãos contêm as palavras enviadas ao *front* pelo companheiro Stalin.

Tinham acabado de chegar de um voo precipitado, não previsto. Era uma noite de julho, e Yevdokia havia avisado que teriam de tentar concluir o maior número possível de missões naquelas poucas horas de escuridão. Em vez disso, mais uma vez, foram obrigadas a deixar rapidamente o acampamento e abandonar a base; os tanques alemães estavam se aproximando e não havia nem um minuto a perder. Quando alçaram voo, não sabiam sequer qual era a meta.

— Não importa — encorajava-as sua comandante —, foguetes verdes lançados na escuridão indicarão onde aterrissar.

Foi horrível. Antes de entrar no avião, Natalya acenou para Yevdokia, apontando para o céu. Na agitação da partida, ninguém havia notado as nuvens densas e escuras, o clarão dos relâmpagos no horizonte, o estrondo ameaçador dos trovões a distância. De resto, as bruxas estão habituadas a voar com os temporais. Sabem muito bem que não há escolha: entre a tempestade e os tanques da *Wehrmacht*, vence a primeira.

O tempo passou lentamente, como sempre acontece quando se quer acelerá-lo, o combustível começou a escassear, e a tempestade não deu sinal de trégua. Só avistaram os tão esperados foguetes verdes alguns minutos antes das luzes da aurora. Indicavam um campo plano e cultivado. Pousaram, um avião após o outro, levantando grande quantidade de poeira. No solo havia muitas melancias enormes. Cansadas e famintas, comeram uma boa quantidade delas e utilizaram o suco das frutas vermelhas e maduras para lavar o rosto. O resultado não foi dos melhores, mas finalmente estavam em terra, a fome havia sido aplacada e, em alguns instantes, a situação melhoraria.

Foi quando Natalya percebeu que Irina não estava com elas e, justamente enquanto a procurava, ouviu a ordem de comando para se reunirem. Provavelmente correu antes das outras para organizar o acampamento, pensou, colocando-se rapidamente em fila.

De fato, lá está Irina com uma folha na mão. Natalya olha para ela e vê que, sob a camada de poeira, seu rosto está pálido. Ao lado dela estão a comandante e a comissária política, que também parecem perturbadas. A amiga não olha para ela, seus olhos estão fixos na folha de papel, sua voz é insípida, monótona. "Uniforme demais", pensa Natalya. "Está lendo como quem precisa controlar um sentimento forte, uma dor, uma cólera."

"Nem mais um passo para trás!" (*Ni shagu nazad!*), diz às tropas soviéticas o chefe do Partido e comissário para a defesa. "O inimigo", afirma a ordem 227, que Irina lê lentamente, destacando cada palavra com voz átona, "lança novas forças na batalha, penetra em terras soviéticas, conquista novas regiões, causa desordem e destrói nossos vilarejos, violenta e mata a população soviética... O nosso país ama e respeita o Exército Vermelho, mas agora os cidadãos estão decepcionados por ele deixar que nossos companheiros se tornem escravos dos opressores alemães e porque estes estão conquistando cada vez mais espaço rumo ao leste."

O chefe da URSS adverte que o país já não tem nenhuma "superioridade sobre o inimigo em termos de recursos humanos e fornecimento de alimentos", e que continuar a retirada significa "destruir a nós mesmos e nossa Mãe Pátria".

A conclusão é lapidar: "É tempo de interromper a retirada", diz. "Nem mais um passo para trás! Esse deverá ser nosso lema de agora em diante. Temos de proteger obstinadamente cada ponto de força, cada metro de solo soviético, até a última gota de sangue, segurar firme cada pedaço de nossa terra e defendê-lo o máximo possível. Temos de parar, contra-atacar e destruir o inimigo. Custe o que custar, não retroceder nem um metro diante da invasão."

A ordem que Irina lê ao alvorecer de 28 de julho não foi publicada pela imprensa, mas apenas comunicada aos estados-maiores, aos regimentos e às tropas estacionadas por toda parte na imensa linha de frente que defende a URSS. É a eles que se destina, e contém não apenas palavras de condenação ou exortação. Na parte final, há indicações precisas contra os temerosos, os covardes, os desertores e os pusilânimes. Irina as lê devagar, em meio a um silêncio que se torna cada vez mais sombrio. Todo soldado russo que hesitar diante do inimigo, que se retirar, que deixar suas posições, todo general que com suas ações colocar em dúvida a ordem de resistir será punido. Serão removidos de seus cargos e enviados para a corte marcial os comandantes que permitirem a retirada de suas tropas. Serão constituídos batalhões penais para quem não mantiver a disciplina, e os desobedientes, os desertores, serão exilados nas situações mais difíceis. Serão formadas unidades de guarda armadas, que fuzilarão imediatamente e no local os pusilânimes e os covardes.

Portanto, *ni shagu nazad!* Resistir de todo modo. Apesar da confusão, das derrotas e da desorientação. É o que diz Stalin às tropas com uma ordem que retoma quase literalmente os códigos de guerra alemães.

Irina compreende o significado terrível das páginas que está lendo às suas companheiras. As palavras do paizinho machucam, ainda que elas sejam voluntárias, tenham pedido para ir ao *front* e defender a pátria e nunca tenham tido nenhuma dúvida.

A essa altura, o sol já nasceu, o céu está rosado, mas a atmosfera é pesada. Irina continua a ler até o fim, as palavras de Stalin caem como uma pedra sobre as moças cansadas, famintas, mas em fila e em posição de sentido. "[...] as unidades do *front* sul, guiadas pelo alarmismo, deixaram Rostov e Novotcherkassk sem opor resistência e sem que nada tivesse sido ordenado por Moscou; assim, cobriram-se de vergonha", diz ainda o chefe do Partido.

"O *front* sul cobriu-se de vergonha", pensa Natalya com angústia. "O *front* sul também somos nós." Busca o olhar de Irina, mas sua amiga dobrou rapidamente as folhas e se afastou.

Quando são obrigadas a mudar rapidamente de acampamento porque os alemães estão próximos, acontece de alguns aviões estarem no conserto e não poderem partir. Nesses casos, as mecânicas que tentam colocá-los em movimento são as últimas a deixar a base. Se não conseguem repará-los, a ordem é para destruí-los; seja como for, não devem cair nas mãos do inimigo.

Sonya Ozerkova é a engenheira mais competente e chefe das mecânicas do regimento. Severa e exigente, é temida por todas, mas consegue resolver situações que parecem impossíveis e, trabalhando sem trégua, conserta, substitui e reconstrói. Todos concordam quando dizem que "faz milagres".

Porém, um dia o milagre não acontece. Foi dado o alarme, todas partiram e ela ficou no acampamento com Irina Kashirina tentando reativar um Polikarpov particularmente danificado. Passam as horas, mas o motor não quer saber de funcionar, e não há peças disponíveis para substituir as que já não servem. Esperavam não ser obrigadas a destruí-lo e, quando o último avião decola sem elas, ambas ficam de prontidão no acampamento: se o inimigo chegasse, queimariam o aparelho e fugiriam. A certa altura, ficam sabendo que os alemães estão a algumas horas de marcha e não têm escolha. Frustradas, irritadas e impotentes, põem fogo no avião e saem correndo pelos campos.

As estradas rurais estão cheias de homens, mulheres, crianças, animais e carroças em fuga. O avanço do inimigo é rápido, e toda noite cidades inteiras são abandonadas.

Sonya e Irina devem alcançar suas companheiras atravessando a zona já controlada pelos alemães. Esperam passar despercebidas e seguem adiante, evitando as cidades e escolhendo as zonas rurais que parecem mais seguras. Quando estão muito cansadas, dormem ao ar livre, em algum palheiro ou debaixo de uma árvore.

Certa manhã, são despertadas por uma velha camponesa.

— Não seria melhor tirarem o uniforme? — pergunta a mulher.

Segundo lhes informa, os alemães ainda não chegaram ao vilarejo, mas podem aparecer a qualquer momento; é melhor não serem reconhecidas. Oferece-lhes roupas: saias, malhas velhas, lenços para amarrar no pescoço. Sonya e Irina estão com fome e cansadas, mas resistem; têm certeza de que as companheiras não estão longe. Enquanto caminham por uma estrada isolada, deparam com dois motociclistas alemães que, não suspeitando minimamente de sua identidade e vendo duas belas moças, tentam assediá-las. São ousados e seguros de si, mas não contavam com as pistolas que Sonya e Irina trazem escondidas sob as roupas e, depois de alguns minutos, são obrigados a fugir. Somente perto de Mozdok as duas moças encontram os soldados do Exército Vermelho e, de longe, veem pousar um Polikarpov. Chegaram. Finalmente estão em casa.

Irina Kashirina descobre que está com tifo e é internada. Sonya volta ao acampamento, onde as bruxas a festejam com alegria, mas não chega a ter tempo de retomar o trabalho: deve ser interrogada no comando pelos responsáveis do Partido. Os interrogatórios poderiam parecer um procedimento formal, mas não é assim, e Sonya é a primeira a saber disso. Trabalhou em uma escola militar nos anos mais duros da repressão do regime, viu muitos serem acusados injustamente, mandados de um dia para outro à prisão ou desaparecerem no nada. Sabe que atravessou a zona ocupada pelos alemães e que qualquer um que faça isso torna-se suspeito. Não lhe escapa o significado das perguntas e do comportamento desconfiado dos responsáveis do Partido. "Como fez para sair do território inimigo?" E, sobretudo: "Onde está sua carteira do Partido? O que fez com ela?". É nesse ponto que a engenheira-chefe entende que não tem saída. Não pode dizer a verdade, ou seja, que temendo ser capturada pelos alemães, destruiu o precioso documento com as próprias mãos. Sabe muito bem que esses são tempos em que a carteira do Partido é considerada mais importante que a vida.

O tribunal militar a condena ao fuzilamento e, a partir desse momento, é tratada como uma traidora: tiram-lhe os graus, humilham-na, raspam seu cabelo a zero, trancam-na no cárcere, colocando uma sentinela armada de guarda, como se fosse uma prisioneira perigosa. Tem uma única esperança: pedir o indulto. Mas não o faz.

A história de Sonya Ozerkova tem um final feliz. O comandante da linha de frente se interessa pessoalmente por seu caso, as acusações são reconsideradas, Sonya é absolvida e pode voltar a trabalhar em seu regimento, entre suas companheiras. Nele permanece até o final da guerra e faz seu trabalho com precisão e empenho até o último dia. No regimento 588, tudo parece voltar a ser como antes. De modo rude e autoritário, ela torna a comandar suas mecânicas, que resmungam, mas obedecem e continuam a admirá-la como antes. Todavia, o que aconteceu deixa em sua vida e na das mulheres do regimento a marca escura e inquietante da dor, da desconfiança e do medo. A disciplina militar pode ferir de modo irresponsável e injusto: a morte vem não apenas do inimigo; o patriotismo delas não é um patrimônio reconhecido. As meninas de Marina Raskova que abraçam Sonya na saída do cárcere perderam a inocência.

Encontramos a história de Sonya em um livro de Natalya Meklin, que Irina nos deu de presente e que abrimos apenas ao voltar da Rússia. Irina também nos havia falado da Ordem 227, mas sem alongar-se muito, com o tom brusco e seco que reservava às partes do seu relato que achava secundárias. Era importante para ela falar-nos de suas colegas; o restante fazia parte de uma história que podíamos encontrar nos livros. Portanto, é Natalya, observadora perspicaz, quem narra a respeito do assombro de sua amiga ao ler as palavras de Stalin. Ao referir a história de Sonya, usei suas palavras: sóbrias e implacáveis.

Vamos conseguir?

Polina é uma bruxa especial. Por ser baixa e franzina, o uniforme fica sempre muito grande no seu corpo, e foi difícil para ela aprender a vesti-lo com a correta rapidez. Foram necessários toda a paciência e todo o afeto de sua amiga Galya que, durante semanas, obrigou-a a treinar como vestir-se e despir-se rapidamente.

Polina é admirada pelas companheiras porque é um portento de vontade, o símbolo vivo do *slogan* "uma mulher é capaz de tudo", transmitido ao regimento por Marina Raskova. Sua vida foi dominada pelo esforço para chegar aonde parecia impossível; foi bem-sucedida até mesmo na iniciativa, realmente desesperada, de fazer parte da aviação feminina.

No início, as escolas de voo sempre a recusavam, pois era tão pequena que não alcançava nem mesmo os pedais do avião. Conformou-se e, com a deflagração da guerra, renunciou a contragosto até mesmo à mera tentativa de alistar-se. Estava no terceiro ano de História na Universidade de Moscou e, como tantos estudantes, começou a frequentar um curso para enfermeiras e a cavar trincheiras antitanques para servir à pátria. Posteriormente, em outubro de 1941, decidiu tentar mais uma vez, e apresentou-se ao Komsomol, que buscava voluntárias. Foi aceita na aviação, mas – outra grande decepção – somente para empacotar paraquedas.

Qualquer uma teria se sentido definitivamente desencorajada, mas não Polina, que perseverou além de todo obstáculo até a comissão médica lhe dar a autorização para ser alistada como navegadora nos regimentos de Marina Raskova. A partir desse momento, tornou-se uma das mais ativas e diligentes do 588, a bruxa que nunca se cansa, que é disciplinada e ousada, capaz de tomar iniciativas autônomas e resolver situações difíceis, diante das quais até seus superiores permaneciam atônitos.

Uma noite, depois de ter bombardeado com suas companheiras a base de um grande contingente alemão em Kuban, atingiu por iniciativa própria três reservatórios próximos à estação, destruindo milhares de toneladas de combustível. Em outra oportunidade, mirou diretamente os refletores da artilharia antiaérea, permitindo aos soldados soviéticos um bombardeio mais fácil do campo inimigo.

Agora, com suas companheiras, atacou e bloqueou uma coluna de tanques que estavam avançando rapidamente. Saíram-se bem, interromperam a marcha e já estão retornando. "Estão todas aí, felizmente", pensa Irina, enquanto vê os aviões pousar em ordem, um após o outro, e os conta, como sempre, com o coração na garganta.

O rosto de Polina está diferente do habitual: seu olhar está perturbado e seus passos, apressados. Quer correr para longe a fim de esconder uma emoção e um mal-estar que nunca sentiu. A causa não é a fumaça nem o cansaço. Ela gosta de se mostrar brusca diante das dificuldades e ostentar segurança em qualquer situação.

Nessa manhã, a bruxa mais ousada do grupo chora sem pudor, com raiva, enquanto conta às companheiras que, da sua cabine de pilotagem, viu os imensos campos de grãos da Ucrânia queimados pelas chamas. Os camponeses fugiram antes da ceifa, e as milícias alemãs atearam fogo. Toda a colheita foi perdida; após a passagem do inimigo por sua terra, ninguém terá do que sobreviver.

— Nosso país está queimando — diz a jovem, que nem chega a esforçar-se para reprimir os soluços.

O sofrimento de Polina é partilhado por todas. A Rússia sem grãos, sem pão, sem alimento é a dor mais forte; o fogo ateado aos campos de grãos afeta o futuro do país, sua possibilidade de salvar-se. A terra queimada chega a ser algo mais perturbador do que as cidades destruídas. Faz surgir em todas as moças uma sensação de inadequação e fragilidade que elas tentam refrear com a disciplina e a determinação, mas que às vezes as domina.

"Vamos conseguir?", perguntam-se com frequência cada vez maior, reprimindo a desolação diante de uma realidade que parece sem esperança.

Irina também se sente frágil e insegura. Toda manhã, quando os aviões voltam, examina o semblante das amigas que lhe parecem mais fortes – o de Yevdokia, Yevgueniya ou Natasha – para encontrar conforto. Yevdokia, a comandante, mostra-se quase sempre calma e sorridente. Nada em seu comportamento transparece dúvida ou medo. Yevgueniya mantém a suavidade que a torna querida por todas. A guerra não conseguiu sufocar seu mundo de afetos e fantasias. Natasha segue eficiente, lúcida, empenhando-se de todas as maneiras para auxiliar as amigas em suas pequenas dificuldades práticas: encontra sabão, ajuda-as a consertar as roupas íntimas, faz massagens rápidas no pescoço, que aliviam o entorpecimento provocado pela tensão e pelas longas horas de voo. Continua a sentir-se a mais velha e mais madura, embora tenha apenas alguns anos a mais do que elas, e parece satisfeita nesse papel. São mulheres fortes, mas às vezes também pensam que não vão conseguir. Irina teme que o entusiasmo, o cansaço, a abnegação e a competência não bastem diante de um inimigo tão forte e determinado.

Todos os dias chegam notícias preocupantes. O general Von Paulus e seu sexto exército cercaram Stalingrado; a *Wehrmacht* ocupou Krasnodar; os alemães perseguem os membros da resistência e os judeus para eliminá-los um a um. Tropas inimigas alcançaram o topo do Elbrus, a montanha mais alta do Cáucaso, ou melhor, da Europa, uma das sete maravilhas da grande Mãe Rússia.

"Somos competentes, entusiastas, estamos prontas para tudo; contrariamente a muitos homens, não nos alistamos por obrigação, mas ainda sabemos muito pouco sobre armas, bombas e aviões", pensa Irina. A própria Yevdokia, ótima comandante e pilota, não tem experiências anteriores de guerra. Como é possível nessa situação repelir um inimigo tão potente? De fato, estamos sofrendo uma derrota após a outra. E os soldados fogem diante dos tanques da *Wehrmacht.*

No entanto, todas as noites as bruxas voam e bombardeiam. Sem trégua, sufocando as lágrimas e o cansaço. Resistindo aos momentos terríveis, quando são ofuscadas pelos refletores, ensurdecidas pela artilharia antiaérea e cercadas pela escuridão. Quando respiram com dificuldade, são sacudidas pela tosse, não conseguem distinguir entre o céu e a terra e não sabem direito para onde conduzir o aeroplano. Se perderem essa mínima orientação, se a experiência e o espírito de sobrevivência não as acudirem, se não houver amizade, empatia e uma relação de confiança entre a pilota e a navegadora, com um avião como o Polikarpov é fácil esfacelar-se no solo, incendiar-se ou cair atrás das linhas inimigas.

Entendem que a perigosa rotina que estudaram e experimentaram não basta. Têm de ousar mais, continuar a arriscar. Novos planos são elaborados. O primeiro avião parte, atrai a atenção dos alemães, que põem em ação seus projetores e começam os disparos da artilharia antiaérea. As duas mulheres no comando tentam driblá-los com toda a habilidade de que são capazes: voam mais alto, mais baixo, em zigue-zague, entram e saem das nuvens. É uma dança com a morte, um desafio que não conhece prudência nem cautela, pois, desta vez, não devem esconder-se. Seu objetivo é justamente serem vistas e bombardeadas, sua missão é distrair o inimigo, para que ele não veja o avião que vem logo atrás. Se o fogo adversário se concentrar no primeiro, as outras podem lançar suas bombas. E se o fizerem rapidamente, a artilharia antiaérea não conseguirá atacá-las. É uma questão de coragem e tempestividade. Uma tática de combate que beira o suicídio.

— É terrível que Katya e Galina tenham de arriscar suas vidas por mim — diz Tamara a Irina, enquanto se prepara para subir no avião. Mesmo assim, despede-se e, com um salto, entra no biplano junto com sua colega.

Contam os voos: quantos podem fazer em uma noite? Quantas horas de escuridão lhes são concedidas? Fazem uma quantidade de voos maior ou menor do que os regimentos masculinos? Ainda estão menos preparadas e são menos fortes do que eles?

Irina já não consegue dormir. São muitas as coisas para preparar, controlar e decidir. Nas últimas semanas, mal conseguiu conceder-se duas ou três horas de sono por noite. Sabe que não é a única. As mecânicas não podem sequer programar os turnos de descanso. À noite, preparam e revisam os aviões antes da decolagem e, durante o dia, consertam as avarias. Podem dormir apenas algumas horas, quando é possível, enroladas em uma coberta perto do aeroplano.

Quando partem em missão, pilota e navegadora fazem um acordo: uma dorme na ida, e a outra, na volta. Esses poucos minutos bastam para não desabarem e aguentarem a noite inteira. Empenhada no trabalho de coordenação, Irina voa menos do que as outras e descobre que deseja muito as horas de combate, que deveriam ser as piores, mas, em vez disso, são quase uma libertação. Se voa, não precisa passar horas olhando para o céu, com o coração agitado por qualquer atraso, qualquer ruído diferente do esperado. Não precisa esperar pelo pior. Nem pensar continuamente no que pode ter feito errado e se o seu erro será pago por algumas de suas companheiras. O perigo imediato é menos estressante do que a opressora responsabilidade que sente nas costas. É a vice-comandante, tem de mostrar-se sempre forte e decidida, mesmo quando em seu íntimo sente que está morrendo. Não dorme porque tem a impressão de que nas horas dedicadas ao sono possam aninhar-se terríveis insídias, de que possa acontecer o que elas temem.

Nesses meses em que conhece a guerra e o medo de não dar conta, seu único consolo são as cartas que escreve ao espectral companheiro de pena, que agora, em sua imaginação, está combatendo em Stalingrado. Nas tardes em que, sentada no seu sofá, nos conta da guerra, continua a defini-lo como "amigo desconhecido" e a falar dele com afeto. Nessas cartas, confidencia seus temores e suas fragilidades.

Aos 96 anos, é muito apegada à sua imaginação ingênua e infantil e a essas páginas, para ela tão intensas que as conserva com cuidado depois de tantos anos.

"Ainda não decidi se amo você ou não", escreve em um dia em que se sente particularmente desencorajada. "Provavelmente não. Não tenho tempo para isso. Trabalho e não estou satisfeita comigo. Talvez eu não seja capaz, talvez não tenha êxito no que faço. Não posso explicar tudo isso a mim mesma com

apatia; parece-me até que agora o papel de comando me agrada. De verdade. Justamente por isso é triste ver que não dá, perceber que não sei fazer as coisas andarem bem. Nós dois temos de expulsar os alemães o mais rápido possível; por isso tenho de trabalhar direito... agora vou dormir, mas, antes, diga-me: da sua vida também foi embora tudo de que você gostava nos tempos de paz? É essa a regra?"

Senhoritas em voo

Certo dia, tira de uma gaveta uma surpresa para nós. Trata-se do jornalzinho das bruxas, que ela guardou por mais de setenta anos. Não vejo, como eu havia instintivamente imaginado, uma sóbria folha impressa em branco e preto, com a foto do amado líder e a incitação à luta contra o invasor. Não vejo slogans *nem fotos de tanques. A bruxa nos mostra grandes folhas de desenho amareladas, um pouco amassadas e preenchidas com desenhos infantis: homens e mulheres semelhantes a pequenos bonecos, ingênuas notícias nacionais, esboços coloridos. Nessas folhas – explica-nos Irina –, está a história de seu regimento. Uma espécie de* graphic novel ante litteram.

    Na primeira página, uma menina de trança escura olha para três homenzarrões de uniforme, sentados atrás de uma escrivaninha, e exclama com orgulho: "Uma mulher é capaz de tudo!". A segunda página é dupla e contém um desenho singular: algumas moças com expressão alegre tomam banho em um riacho; outras estão sentadas à margem, lendo à sombra de um Polikarpov, em cujas asas estão penduradas roupas ín-

timas para secar. São as bruxas, aquele é seu avião, mas onde se encontram e o que estão fazendo? E que lugar é aquele, tão pouco marcial e bélico, desenhado com pastéis e uma precisão tão infantil?

Nas proximidades de Vladikavkaz, no Cáucaso setentrional, há um vilarejo, Assinovskaya, que se estende pelas margens de pedras brancas e calcárias do rio Assa. Ao lado do vilarejo passa um curso d'água, além do qual há um grande campo de macieiras com ramos frondosos e cheios de frutos. O pomar é um esconderijo ideal para os pequenos bimotores, e é nele que as bruxas organizam o acampamento de base para as incursões noturnas. Nas vizinhanças do vilarejo também estão acampados alguns regimentos masculinos. Ao contrário das mulheres do 588, os homens preferem estabelecer-se em áreas cobertas, nas casas bem mais confortáveis da cidade.

Na manhã luminosa, sentada debaixo de uma macieira, Irina começa a estudar seus mapas e a decidir os turnos de decolagem. A região da Ossétia, na qual se encontram, é um dos pontos mais quentes da linha de frente; o inimigo, que chegou ao Cáucaso setentrional, já está bem avançado em sua marcha rumo aos oleodutos. No entanto, nesse momento, o clima ao redor da vice-comandante é mais bucólico do que marcial: o sol está quente, suas amigas aproveitaram o tempo bom para lavar e estender as roupas íntimas nas asas dos Polikarpov. Natasha escreve aos seus filhos, Olga e Polina mergulharam no rio e brincam contentes; Katya borda suas flores-de-lis azuis em um pedaço de pano, encontrado sabe-se lá onde; Yevgueniya conversa com Dina; formam uma dupla muito unida, voam juntas e, mesmo nos momentos de descanso, têm muito o que conversar. Natalya cochila; guardou o caderno no qual escreve versos e anotações e deitou-se na relva.

Muitas escrevem para casa. Yevdokia pôs de lado as obrigações de comandante e desfruta dos raios de sol. Apenas Irina trabalha: é ela quem recebe informações sobre os objetivos a serem atacados à noite, elabora as instruções para os deslocamentos dos dias seguintes, estabelece os turnos das decolagens e registra os relatórios das tripulações. Tem muito o que fazer, mas está serena: o murmúrio do curso d'água é alegre, o ar está morno, as vozes das amigas se sobrepõem, em tom de despreocupação e brincadeira.

O encanto é interrompido por um dos comandantes dos regimentos masculinos que chega do vilarejo – como muitas vezes acontece – para uma troca de informações ou – como suspeitam as moças – para verificar o que está acontecendo. Sua chegada não muda o clima nem a atividade das jovens. Ele olha ao redor e parece incomodado. Com o quê? Aparentemente, não há nenhum motivo para irritação: no acampamento masculino os homens também estão aproveitando aquelas horas para se barbear, se lavar e escrever para casa. No entanto, o comandante explode.

— Por que vocês penduraram suas roupas íntimas nas asas dos aviões? — pergunta a Irina, que está inclinada sobre os mapas.

Distraída com seu trabalho e influenciada pela tranquilidade do momento, a jovem vice-comandante responde sem refletir:

— Onde deveríamos colocá-las?

Mas logo percebe que sua resposta pode parecer irreverente. Convencida de ter cometido um erro, lança um olhar de interrogação à comandante.

Yevdokia cumprimenta o colega com cordialidade, mas permanece imóvel sob seu raio de sol e lança um olhar de cumplicidade a Irina. Está claro que não quer interromper essa raríssima hora de tranquilidade nem o bom humor do acampamento e que não tem nenhuma intenção de repreender Irina. Ao comandante resta apenas dar meia-volta e retornar ao seu regimento. Do rio chegam as risadas das moças que assistiram à cena: duas delas se preparam para retratá-la com lápis coloridos em grandes folhas de papel branco.

Ao cair da noite, tudo muda, e o acampamento retoma os movimentos velozes e precisos da preparação para o combate. Entre os ramos das macieiras, na escuridão da noite, cessam as canções e as piadas; a moças vestem os uniformes e as botas. Essa noite, em Assinovskaya, é mais importante do que as outras: tentarão pela primeira vez fazer um número de voos superior ao dos regimentos masculinos. Por isso, não escolheram os dormitórios já prontos no vilarejo, não usaram as camas, nas quais descansariam com mais comodidade, e permaneceram entre as macieiras. Não faz frio, o inverno ainda está distante, e o campo também é acolhedor. Algumas pensam em envolver-se nas cobertas, esperando sob as asas o momento da decolagem, depois mudam de ideia e já dispõem os aviões na pista construída durante a tarde. As mecânicas apoiaram grandes eixos de madeira nas margens do rio, de modo que os Polikarpov possam deslocar-se com facilidade do pomar ao terreno de decolagem. As meninas da Bershanskaya sobem aos seus postos, pilota na frente, navegadora atrás, com o mapa no colo e a bússola ao alcance da mão. Como sempre, as bombas estão carregadas sob a barriga do avião. Algumas preparam xícaras de chá e as levam diretamente à cabine de condução. Nessa noite, Irina também vai voar. Quando aceitou a missão de chefe da equipe, pediu para não ficar totalmente afastada dos voos noturnos, e a sábia Yevdokia concordou.

O grupo está pronto e, assim que cai a noite, as senhoritas – como são chamadas com uma pitada de ironia – levantam voo rapidamente, uma após a outra, em intervalos regulares, com as bombas carregadas, o medo refreado e as noções diligentemente aprendidas. Enquanto os homens em seus dormitórios aguardam o sinal para vestir-se, armar-se, correr até os aviões, colocá-los em movimento e partir, perdendo minutos preciosos, as mulheres já estão sobre o objetivo, prontas para voltar à base, recarregar e recomeçar. Sem interrupção até o amanhecer, quando a luz do sol as torna visíveis ao inimigo. Desta vez, têm certeza de que fizeram mais voos do que os esquadrões masculinos – dizem umas às outras quando se encontram no aeroporto.

A verdade é que se tornam cada vez mais competentes. Uma noite, ao chegarem ao alvo, Ludmila e Olga percebem que a bomba não se soltou do habitáculo. Desta vez, a corda não serviu para nada, alguma coisa deve ter ficado presa. A ação pode fracassar, o voo pode ir por água abaixo, além do fato de ser perigoso aterrissar com o explosivo ainda sob o avião.

Ludmila e Olga estão entre as mais jovens do grupo, pela primeira vez juntas no mesmo Polikarpov. Até então, ambas voaram com pilotas mais experientes, mas desta vez a comandante quis que fossem sozinhas, e isso as deixou contentes. Sentadas uma atrás da outra, não podem nem mesmo trocar um olhar. Então, Olga, a navegadora, pousa a mão no ombro de Ludmila, e a companheira entende. Instintivamente, sem se consultarem, quase sem pensar, tomaram a mesma decisão. Ludmila permanece no comando, buscando dar ao Polikarpov o máximo de estabilidade; sabe que ainda não estão visíveis, que os refletores do inimigo ainda não estão ligados. Olga sai da cabine, agarra-se à asa e, esticando-se sobre ela, consegue alcançar o cofre que contém as bombas, abri-lo e soltá-las. Quatro, cinco segundos, talvez menos, e Olga volta para a cabine com um salto. Precisam ganhar altura antes que as bombas toquem a terra e os alemães ponham a artilharia antiaérea em ação. Ludmila aciona rapidamente o manche. Olga, novamente sentada atrás dela, toca mais uma vez seu ombro para dizer: deu certo.

Quando fica sabendo do ocorrido, o general da divisão quase não acredita. Apenas alguns, pouquíssimos homens conseguiriam levar a cabo uma operação tão arriscada com tanta audácia e precisão.

O método que as bruxas experimentam no campo de maçãs em Assinovskaya – ou seja, estarem preparadas nos aviões – torna-se a regra do grupo e parte de um modelo de organização que aumenta sua eficiência mesmo – e sobretudo – quando levantar voo é mais difícil, com a chegada do outono e, depois, do inverno.

Até esse momento, era comum que as tripulações permanecessem em terra nas noites de mau tempo, enquanto apenas um avião fazia a guarda na linha de decolagem e, assim que a tempestade cessasse, chamasse os outros.

Somente então pilotas, navegadoras, armeiras e mecânicas começavam a preparar-se e a dirigir-se aos aeroplanos. Mas Yevdokia calculou que, com esse procedimento, perdiam de 30 a 40 minutos: uma dezena de voos. Muitos, diante de um inimigo tão rápido e preparado. Por outro lado, se as tripulações já estivessem prontas nos aviões e na linha de decolagem, os tempos seriam reduzidos e não se esperaria nem um minuto sequer. Enquanto aguardam, algumas aproveitam para tirar um cochilo, outras cantam, outras ainda bordam.

O método se revela particularmente eficaz quando a névoa é impenetrável, o que muitas vezes acontece nessa terra entre três mares. Já prontas na cabine, as moças esperam que se dissipe. Não se queixam da falta de sono, têm orgulho de sua organização.

— Não adormeço se não sinto a lateral do avião debaixo do cotovelo... — diz Larissa um dia, rindo, à comandante.

Yevdokia sorri, igualmente orgulhosa da otimização das funções.

Conforme Irina e Natalya haviam intuído, a comandante Bershanskaya se revelou uma mulher especial. Irina a admira profundamente, e a admira também quem tem muito mais experiência do que ela. Botcharov, major que comanda o esquadrão masculino de bombardeiros leves, cujo regimento costuma ter contato com o 588, dedica-lhe palavras de consideração e estima e às vezes parece perplexo com o que a comandante consegue fazer com suas meninas.

Yevdokia cumpre suas funções com um estilo muito particular, que nem sempre se encaixa nos cânones clássicos do hierárquico mundo militar. Porém, é justamente esse afastamento – nunca ostentado, mas profundo – das regras demasiado rígidas e muitas vezes ineficazes que lhe permite ser rápida e audaz nas decisões, pronta para qualquer mudança. Conversa muito com suas meninas e as ouve. Tal como Marina Raskova, sabe ser ao mesmo tempo persuasiva e fazer-se respeitar.

Não tem nenhuma dificuldade para convencê-las de outra revolução na organização: chega de separar as funções entre pilotas e navegadoras. Quem trabalha como navegadora também deverá estar pronta para pilotar. Poderá fazê-lo em caso de necessidade ou simplesmente para permitir que a companheira repouse no retorno da missão. Por outro lado, quem trabalha como mecânica poderá estudar para se tornar navegadora. Além disso, outras jovens quase sem experiência e que acabaram de chegar à linha de frente estão prestes a se tornar armeiras, com cursos de treinamento rápidos e oportunos. Não há necessidade de recorrer a instrutores externos, já que entre elas há quem seja capaz de treinar as novas levas. Desse modo, todas poderão ser facilmente substituídas. Zhenya é encarregada de conduzir um curso para navegadoras.

A revolução não para por aí. Yevdokia considera irracional que cada avião tenha o seu mecânico e o seu armeiro, responsável durante toda a noite pelas partidas e chegadas de cada veículo. É melhor organizar equipes que cuidem de todos os aviões em turnos; desse modo, será mais rápido controlar e carregar as bombas e fazer mais voos.

Sob a condução de sua comandante, as mulheres do 588 tornam-se inventivas e criativas. São elas que entendem que colocar uma caixa sob a barriga do avião, controlando sua abertura com uma cordinha, é muito melhor do que levar as bombas no colo. Desse modo, o Polikarpov pode transportar mais explosivos. Essas pequenas inovações tornam suas ações mais eficazes e até lendárias, mas, acima de tudo, exorcizam seu maior medo: que o regimento deixe de ser exclusivamente feminino.

Após mais de um ano de guerra, já acontecem algumas substituições nos regimentos 586 e 587. Neles são usados aviões de alta tecnologia, são necessários pilotos especializados e, em caso de morte de pilotas e navegadoras, é mais fácil encontrar entre os homens as competências necessárias. O Polikarpov, por sua vez, é um avião que pode ser pilotado com facilidade. Requer uma equipe audaciosa, capaz de conduzi-lo em condições extremas, que tenha grande resistência, mas não exige conhecimentos técnicos particulares. No entanto as urgências da guerra também poderiam impor-se no caso delas. Por isso, é melhor preparar substituições internas e treinar logo outras mulheres.

O desafio silencioso, não declarado, mas constante, em relação aos homens continua. E eles saem perdendo. Porque elas, as meninas da Bershanskaya, aprendem a transportar bombas pesadas, decolam primeiro, fazem mais voos, resistem horas e horas sem dormir: a essa altura, todas as noites os voos das bruxas são mais numerosos do que os dos regimentos de bombardeio masculino; mesmo nas breves noites de verão, cada Polikarpov consegue fazer seis ou sete voos, o que no total representa mais de noventa voos por noite.

A velha senhora faz questão de ser precisa. Ensinou física durante muitos anos, para ela os dados e os números são importantes:

— Fizemos um máximo de 325 voos em uma noite e queríamos fazer cada vez mais. Vinte e três mil em toda a guerra. Sim, claro, por patriotismo, mas também porque queríamos superar os homens.

Sob o gorrinho engraçado e por trás das espessas lentes, seus olhos ainda riem.

— Os homens combatiam por dever e, por isso, obedeciam cegamente às ordens. Nós não queríamos ser iguais, queríamos ser melhores; queríamos fazer mais e melhor. Por isso, todo dia aumentávamos o número de saídas. As nossas meninas choravam quando eram dispensadas de algum voo.

Concentradas no objetivo, não ouviam as vozes masculinas que repetiam: "Quanto menos se voa, mais se vive".

Tudo inútil?

As moças do regimento 587 estão esperando por Marina. Chegaram a Karabidaevka, perto de Stalingrado, pilotando os Petlyakov, novos e modernos aviões da aeronáutica soviética, e agora descansam em um dos profundos *bunkers* espalhados pela cidade e pelos territórios vizinhos.

Nos arredores de Stalingrado, a batalha não conhece trégua e é combatida de casa em casa. Porém, mesmo quando as bombas caem incessantemente, o alarme é alto e tudo pode acontecer; pode haver momentos de serenidade e até de alegria. Mal chegaram, e as jovens do 587 já estão experimentando um desses momentos.

O quarto subterrâneo, pouco iluminado, está impregnado pelo odor da sopa, dos uniformes que secam, da fumaça dos cigarros. No entanto, após vários dias de voo, a atmosfera é tranquilizadora: as moças finalmente se encontram em um ambiente mais confortável do que a cabine de um avião, podem relaxar e conversar com os jovens militares que as acolheram com cordialidade. Basta um pedaço de chocolate, um cigarro e um copinho de vodca para a guerra se afastar por alguns minutos.

Marina chegará a qualquer momento. As pilotas sabem que seu avião está parado com outros dois em um aeroporto ao longo da estrada que conduz da linha de frente ocidental a Stalingrado. Também sabem que a tempestade não a deterá.
A porta do *bunker* se abre de repente e, com uma lufada de ar gelado, entra o comandante do regimento masculino. Seu semblante sério e a expressão sombria não permitem pressagiar nada de bom. As moças do 587 percebem que ele tem algo desagradável a comunicar. Acabaram de chegar à linha de frente, sabem que se encontram no ponto mais turbulento da guerra. Teria o inimigo rompido alguma posição importante da resistência? Teria feito progressos enquanto o Exército Vermelho decidira unir todos os seus esforços em Stalingrado? O comandante as observa em silêncio por alguns instantes. Tem um ar de quem precisa falar, mas não sabe por onde começar. Vasculha o bolso, tira um pedaço de papel, talvez um despacho recém-chegado, e o lê. A comandante Marina Raskova morreu. Seu avião caiu alguns dias antes em uma barreira do Volga. Os homens da tripulação morreram com ela.

Segue um profundo e trágico silêncio. Em seguida, um grito, irrefreável e sem fim, e a consternação se transforma em um choro desesperado. Dominadas pela dor, as moças do regimento de Marina Raskova deixam de lado o protocolo militar, que imporia sobriedade e pudor. O comandante sai do cômodo com a folha ainda em mãos. Ele também não sabe o que dizer.

Foi assim que aconteceu.

Stalingrado. Ali, na cidade que traz o nome do paizinho, combate-se a batalha mais longa e difícil, aquela que decidirá os destinos da guerra. Ali, após ter resistido durante cinco meses, o Exército Vermelho quer ir para o ataque e repelir definitivamente as milícias do general Von Paulus. Marina estava ciente disso e, por essa razão, tentava chegar o mais rápido possível a Stalingrado.

Não imaginava que a mandariam justamente para lá. De Engels, com o regimento 587, estava se dirigindo à linha de frente ocidental para unir-se ao oitavo exército aéreo, porém, de repente convocaram-na em Moscou: seu destino não era a linha de frente ocidental, perto da capital. Teria de dirigir-se à parte oposta, rumo ao sul. A Força Aérea precisava do seu regimento porque ele havia sido treinado nos Petlyakov – aviões de combate sofisticados, difíceis de pilotar, que além do piloto e do navegador transportam um atirador –, nos quais apostava para vencer os fortíssimos caças do inimigo.

Marina ficou feliz. Tinha trabalhado duro para convencer as altas autoridades de que suas meninas também tinham condições de pilotar aviões tão sofisticados. As autoridades não apenas compreenderam isso, como até estabeleceram que as mandariam para o ponto do *front* decisivo para os destinos da guerra. Como era seu hábito, agira rapidamente, transmitindo a ordem aos esquadrões: que não esperassem seu retorno de Moscou, mas partissem de imediato, e ela os alcançaria. E foi o que fizeram, deixando o aeroporto nas proximidades de Kirjatch e dirigindo-se para o sul.

Não é fácil voar nesses dias. Parece que o inverno, tal como o inimigo, não quer conceder nenhuma trégua. As tempestades se sucedem, a neve continua a cair, o vento torna quase impossível decolar e aterrissar. Já nas semanas anteriores, quando tiveram de ir à linha de frente ocidental, viram o inferno. Levaram quase um mês para alcançar a meta; durante vários dias permaneceram bloqueadas pelo vento, pelo gelo e pelas tempestades. Agora têm um novo destino. "Vão conseguir", pensa Marina, que chegará alguns dias depois. De volta de Moscou, vai buscar dois aviões que ficaram para trás, devido a uma avaria no motor, e alcançar os outros. Terá de ser rápida, o máximo possível; em Moscou as altas autoridades lhe disseram que em Stalingrado podem e devem vencer, que ali não se defende uma cidade, mas toda a União Soviética. Elas também são necessárias para a última cartada.

Até certo ponto, as coisas vão como Marina planejou. A tempestade não impede que boa parte do regimento chegue a Stalingrado; todavia, a comandante, que parte em seguida e conduz a formação de três aviões, é obrigada a pousar em um aeroporto no meio do caminho. Imagina que terá de esperar apenas algumas horas, mas o mau tempo se intensifica, e as tripulações permanecem paradas até 4 de janeiro de 1943. Quando finalmente parece abrir-se uma possibilidade, Marina dá ordem para a partida. E eis que as condições se precipitam de novo e uma tempestade inexorável as atinge, tornando impossível a aterrissagem. Os três aviões, que por ordem da comandante não devem romper a formação a não ser por uma avaria técnica, voam sempre juntos, embora a visibilidade seja quase nula e o combustível comece a faltar. Tentam parar no aeroporto de Raboshina, mas não há condições de visibilidade. Prosseguem. Para tentar ver alguma coisa, são obrigadas a descer abaixo das nuvens, até 400 metros do solo. Percebem que estão sobrevoando o Volga.

A certa altura, ocorre o que se queria evitar: ao saírem de um banco de nuvens, as pilotas dos dois aviões perdem de vista a aeronave de Marina. Prosseguem sozinhas e, em um campo próximo ao grande rio, tentam um pouso que acaba sendo tão violento que destrói ambos os aeroplanos. No entanto, as tripulações sobrevivem. Marina prossegue e tenta orientar-se entre as nuvens cinza e brancas que envolvem o avião. Voa baixo e sabe que se encontra sobre o Volga. Nem por um momento duvida da boa sorte, nem mesmo quando opta por um pouso quase às cegas nas margens do grande rio. Até o último momento, com mão firme, tenta a manobra que tantas vezes conseguiu fazer. Tem razão: às margens do Volga é possível aterrissar, mas ali, no ponto que escolheu, a barreira é cinquenta metros mais alta. Só percebe no último instante, quando já é tarde demais para tentar tornar a subir. O avião bate contra a encosta, e Marina morre na hora, com as mãos ainda no manche, o olhar fixo na última tentativa de se salvar.

Junto com ela morrem o navegador e o atirador. Os três corpos são encontrados após dois dias de buscas.

Marina Raskova, a primeira mulher na história que conseguiu criar três regimentos femininos e comandante do regimento 587, já não vive. Tinha 31 anos e uma filha de 12, que no início da guerra deixara com os avós. É um luto inesperado, um golpe terrível para as mulheres que foram à linha de frente e a admiravam incondicionalmente. Quando chega a notícia, são tomadas pelo desespero. Não sentem nenhum interesse pelas perguntas – por certo inevitáveis – que as autoridades se fazem após o acidente mortal. Teria Marina sido imprudente e ousado um voo em condições impossíveis, colocando em risco a vida dos três tripulantes? Teria cometido um erro, confiando excessivamente em suas capacidades e na sofisticada tecnologia dos três aviões? Teria a impaciência de chegar a Stalingrado, onde se combatia a batalha decisiva, ofuscado suas capacidades de controle e atenção? Ou teria o erro vindo de Moscou, onde haviam previsto que o mau tempo cessaria após os primeiros minutos de voo e os aviões chegariam sem grandes problemas à meta? É difícil avaliar, mas, nesse momento, as perguntas e as dúvidas parecem sem importância para as meninas da Raskova.

Os três regimentos femininos, desejados por Marina e já deslocados para diferentes pontos do *front*, são informados de que foi organizado um funeral de Estado para sua comandante, o primeiro da guerra, do qual também participou Josef Stalin; de que Marina teve a honra de uma sepultura no Kremlin, junto dos grandes pais da pátria; de que os jornais só falam de sua vida e de seu heroísmo e publicam discursos, cartas e testemunhos. Nem mesmo isso parece importante às meninas da Raskova. O fato doloroso e desesperador é que ela não existe mais. Pensam em seu belo rosto, emoldurado pelos cabelos pretos que ela nunca havia cortado e mantinha presos atrás da nuca, para que não escapassem do gorro militar. Havia sido impiedosamente destruído na batida do avião. Sua cabeça partiu ao meio. São informadas – o que as deixa mortificadas – de que um cirurgião interveio para recompô-la antes da exposição do caixão. Será possível continuar agora? O trabalho que ela iniciou poderia ter continuidade? Ninguém ignora a relação especial que sua comandante tinha com Stalin, graças à qual muito havia sido obtido para elas nesses meses. E se Marina, a melhor, cujo valor era indiscutível, morria em um acidente aéreo batendo contra a barreira de um rio, o que poderia acontecer a elas? Talvez tudo o que haviam feito até então fosse inútil. Talvez tudo terminasse em alguns dias.

No entanto, justamente nessas primeiras semanas de janeiro a guerra muda de rumo. E é justamente Stalingrado a marcar a virada.

Saia, não!

Há um momento na história de toda emancipação – pessoal ou coletiva – em que se sente um disparo interno, um clique. Trata-se de um pequeno, mas preciso, movimento da mente ou da alma, também provocado por um fato ou episódio irrelevante, por uma palavra, um gesto, uma sensação. Mesmo depois de passado muito tempo, toda mulher que tiver iniciado seu caminho pessoal em busca da igualdade é capaz de identificá-lo. E é possível percebê-lo de maneira bastante distinta nos eventos coletivos que às vezes marcam a mudança em direção à igualdade entre os sexos na história do gênero humano.

É o momento em que se pensa ter conseguido, em que se acredita que uma situação de desigualdade inicial foi superada. O clique mal é perceptível, mas desencadeia uma grande, imediata e, aparentemente, irracional sensação de liberdade. Como se quem o registrasse tivesse por fim conquistado um direito pessoal ou coletivo de propriedade sobre a própria existência.

Indagando, descobre-se que o disparo teve origem em um "reconhecimento" que até então não existia: o mundo dos ho-

mens, percebido como estranho e até mesmo hostil, finalmente mostra ter aceitado a presença da mulher – ou das mulheres –, reconhece seus méritos e suas qualidades e não o esconde. Pelo menos é o que parece.

Em seguida, a vida e a história prosseguem, as contradições e as dificuldades na relação entre os sexos permanecem e podem até aumentar. Uma mulher pode até mesmo se perguntar se valeu a pena lutar para alcançar essa meta, mas algo irreversível aconteceu.

Ao ouvir a história das bruxas, creio ter compreendido o momento do clique, o instante em que elas entenderam que haviam conseguido. É o que me dizem os olhos de Irina, que a certa altura de seu relato brilham com uma luz nova; e é o que me diz o tom mais tranquilo de sua voz.

— Depois descobrimos que os alemães nos chamavam de bruxas da noite, Nachthexen! Termo que também pode ser traduzido como "magas da noite". Mas eu gosto, nós gostávamos de dizer bruxas e pensar que nos definiam assim porque não conseguiam nos derrubar — conta a velha senhora.

Clique.

Marya e Olga estão agitadas. Voltam correndo após um breve passeio perto do vilarejo, aonde foram tentar arranjar um pouco de verdura. Talvez algum camponês tivesse conseguido salvar sua horta e oferecesse uma couve para elas. Talvez encontrassem um campo abandonado onde pudessem colher uma beterraba.

Os alemães ainda não chegaram, mas já se sente sua presença: boa parte dos habitantes do vilarejo foi embora, e agora reina no local um silêncio não natural. As moças encontram apenas uma senhora de idade que não quis deixar sua *izba** e se obstina em cultivar uma minúscula faixa de terra bem perto da aldeia. Reconhece os uniformes russos, cumprimenta, sorri, parece curiosa, começa a conversar, e então pergunta, inesperadamente:

— Vocês são as bruxas?

As moças ficam surpresas. Bruxas? Rindo, contam às colegas sua descoberta: elas, as meninas do 588, causam medo; os alemães não entenderam direito quem são, as bombas que elas lançaram acertaram o alvo mais do que haviam imaginado. O relato deixa todo o acampamento eufórico.

No início de 1943, as mulheres do 588 já não são meninas frágeis, jovens, tímidas e inexperientes que acabaram de sair dos cursos de treinamento. Acumularam experiência, têm consciência da própria força e orgulho da própria organização. Não registraram mais nenhuma baixa depois do primeiro voo e sempre conseguem alcançar os objetivos. Saber que o inimigo as teme, que suas bombas provocam um terror e uma surpresa tão inexplicáveis que são atribuídos a figuras femininas míticas, más e dotadas de poderes sobrenaturais as diverte e gratifica. As mulherezinhas que no início não sabiam voar, que não conheciam a disciplina militar e voltavam de toda

---

* Típica habitação camponesa na Rússia, construída com troncos. [N. da T.]

missão com as pernas trêmulas e o estômago revirado finalmente são odiadas e temidas. São as *Nachthexen*.

E não apenas os inimigos, mas também os regimentos do Exército Vermelho as enxergam com outros olhos. Os homens, que antes se mostravam desconfiados e acrimoniosos, sempre prontos para uma piada irônica e ofensiva, tornaram-se respeitosos e até mesmo afetuosos. Chamam-nas de "irmãzinhas" e apreciam a força com que erguem bombas de várias dezenas de quilos, a perícia com que pilotam os pequenos Polikarpov e a ousadia diante das ações mais arriscadas. Poucos dias antes, alguns deles deram grandes voltas ao redor do aeroporto apenas para cumprimentá-las. Um gesto brincalhão e fraterno, uma homenagem à sua chegada. Até os comandantes demonstram admiração por elas. Muitas receberam medalhas, reconhecimento e condecorações. Percebem que agora até suas gafes são encaradas com simpatia: ninguém as repreende se não observam rigorosamente as normas de conduta militares.

— Vocês são as mulheres mais bonitas do mundo — diz certo dia o comandante Vershinin a Irina —, e o fato de os alemães as chamarem de "bruxas da noite" as torna ainda mais preciosas.

Algum tempo depois da morte de Marina Raskova, justamente no momento em que temiam que tudo mudasse, que a aventura de seu regimento pudesse acabar, o general Markian Popov – o mesmo que, quando elas chegaram, as definiu como "princesinhas" e buscou aconselhamento com os superiores sobre "o que fazer com elas" – confere ao 588 o título de

46º Regimento da Guarda durante uma solene cerimônia. É um reconhecimento importante. Simbolicamente, as bruxas se tornaram "sentinelas da pátria".

Neva e venta durante a cerimônia, que se cumpre solenemente, conforme o rito militar soviético. As moças enfileiradas e em posição de sentido têm as bochechas avermelhadas. Seus olhos ardem e se enchem de lágrimas pelo frio e pela emoção. Até mesmo Yevdokia, em geral contida, não esconde a emoção. Quando o general Popov abre a bandeira com as inscrições douradas do 46º Regimento da Guarda, as moças lançam um grito de entusiasmo. Em seguida, uma a uma, como manda o rito, saem da fila e se ajoelham na neve para beijá-la.

Nesse momento, algo se dissolve dentro delas, como após uma reconciliação inesperada, como quando uma relação difícil se recompõe e se torna mais firme, mais profunda, mais calma, e o cansaço, as dores e as carências se transformam em nova força e determinação.

Nessa noite acontecem grandes celebrações. O mau tempo não permite voar, então as bruxas festejam no acampamento. Cantam, dançam. A certa altura, Natalya desaparece. Quando volta, traz um folheto amarrotado, no qual escreveu a letra de um novo hino: "Estar na linha de fogo não foi fácil para nós. Meninas, amigas, combatentes, continuem a lutar pela glória do Regimento feminino da Guarda". Ainda com a voz embargada pela emoção, Natalya lê: "Confiamos a 'Guarda', essa palavra gloriosa, às asas dos falcões, pelo solo da Rússia, pelo amado Partido. Avante pela pátria, Regimento feminino da Guarda!". Conforme explica, a melodia deveria ser a da *Internacional*. Irina insiste para que o cantem imediatamente, e todas entoam o novo hino.

No dia seguinte, há outra novidade. Comunicam-lhes que o uniforme mudará. Já não vestirão aquelas calças masculinas horríveis e disformes, já não serão obrigadas a encurtá-las e apertá-las na cintura. Terão saias, saias de verdade, com pregas e cinto. Serão azuis, para serem combinadas com camisas marrons. Além de botas americanas de um belo vermelho brilhante. E não é só isso. Receberão até roupa íntima. O general Vershinin cuidou de tudo e mandou que lhes enviassem.

— Não faz parte do regulamento — escreveu —, mas é indispensável.

As sentinelas da pátria são as primeiras a ter sutiãs à disposição, mercadoria rara não apenas para quem está no exército, mas para as mulheres soviéticas em geral.

— As botas — conta Irina — ficavam ensopadas como se fossem feitas de papel absorvente, e as saias eram muito desconfortáveis. Como podiam pensar que subiríamos e desceríamos de um avião como o Polikarpov com uma roupa que nos atrapalhava mais do que as calças? Nós as usamos uma ou duas vezes, e depois as guardamos e voltamos a usar nossos velhos uniformes, deixando-as para as ocasiões oficiais, quando havia algum desfile ou tínhamos de comparecer diante dos grandes generais. Nesses casos, vestíamos aquilo que de brincadeira chamávamos entre nós de "uniforme de desfile".

Fogueiras no céu

Certo dia, o relato da bruxa muda de tom. Quando chegamos, Irina nos mostra um mapa: é da extinta União Soviética, com fronteiras e cores diferentes daquelas da Rússia atual. Uma marcação preta, que corta a URSS em duas, traça a linha de frente de 1943, aonde o inimigo havia chegado e de onde deveria ser repelido.

A bruxa desliza o dedo de norte a sul, depois da Crimeia, no Cáucaso, na região de Krasnodar.

— Estávamos aqui — conta-nos.

Indica uma pequena protuberância estreita entre o mar Negro e o mar de Azov: é a península de Taman. Plana e rica em lagunas, com 2 mil quilômetros quadrados – um terço de Salento,* penso com meus botões –, tornou-se preciosa em fevereiro de 1943. Os alemães que haviam recuado não queriam abandoná-la. Do outro lado, também entre dois mares, está a cidade de Kerch. Atrás, onde corre o rio Kuban, estende-se a terra dos

---

* Península no extremo sul da região italiana da Apúlia, entre o mar Jônio e o mar Adriático. [N. da T.]

tártaros e dos circassianos. Dali as bruxas voavam para fazer com que os alemães recuassem rumo à Crimeia e às terras de onde tinham vindo.

O fato novo – diz Irina, desta vez com fervor – é que "já não recuávamos; finalmente estávamos avançando". Acabou a fase da retirada. É o que explica e repete várias vezes, como se temesse que não compreendêssemos o que ocorrera nos primeiros meses de 1943. Mostra-nos as pequenas flechas pretas no mapa: estão voltadas para o Ocidente, de onde o inimigo viera e para onde era repelido. Se temos certeza de que entendemos a mudança? "Sim, Irina, está claro", respondemos. O dedo da bruxa ainda indica a península de Taman, onde os alemães permanecem até o fim de outubro, decididos a não abandonar aquela faixa de terra às portas do Cáucaso e dos cobiçados oleodutos. Até aquela data, as meninas do 588 os bombardearam tanto que os obrigaram a ir embora. Irina volta a dobrar o mapa. Agora que compreendemos, ela pode contar como foi aquele ano sem correr o risco de algum mal-entendido de nossa parte. Porque o início da contraofensiva também foi o momento mais dramático da guerra, o período mais intenso, do esforço que não pode parar, da vida que assume um único objetivo, no qual a morte se torna companheira frequente.

— *Muitas amigas morreram naqueles meses* — *diz.* — *O inimigo as arrancava de nós uma noite após a outra.*

É em Stalingrado que a corrente da guerra muda de direção. Como se uma imponente muralha a tivesse primeiro detido e, depois, obrigado a inverter a rota. O vento da guerra já não sopra do oeste, mas, ao contrário, parte da Ásia e vai na direção das fronteiras com a Europa.

É em Stalingrado – contará a história posteriormente – que se decide o conflito mundial. Ali, o Exército Vermelho consegue repelir o inimigo após uma batalha que dura seis meses, com centenas de milhares de mortos e feridos.

É em Stalingrado, por fim, que a ofensiva muda de sujeito da ação. Conduzida até então pela *Wehrmacht*, agora passa para mãos soviéticas.

No remoto Cáucaso, nossas meninas sabem que o general Von Paulus é forçado a capitular e que Leningrado continua a resistir ao terrível assédio. Também sabem, por experiência direta, que os alemães não conseguiram chegar aos oleodutos ou os encontraram destruídos. Ainda não é a vitória, mas é o início da reconquista das terras perdidas. "A verdadeira luta está apenas começando", diz com realismo Josef Stalin a seu povo.

As noites de julho são breves. A lua mal tem tempo de surgir, e as luzes do alvorecer a empalidecem. As bruxas dispõem de pouco tempo para bombardear, mas voam todas as noites, sem descanso.

Seguem o esquema já testado: decola a primeira tripulação e, após 5 minutos, a segunda, depois a terceira, e assim por diante. Quando a última levanta voo, no pequeno aeroporto já se ouve o barulho da primeira que retorna.

Os movimentos do 588 se tornaram muito velozes: carregam-se as bombas, a pilota e a navegadora tomam uma xícara de chá, enchem o tanque, e a tripulação parte de novo. É assim até o amanhecer.

Em 31 de julho de 1943, Larissa sobe no Polikarpov com duas missões: soltar uma poderosa bomba sobre o inimigo e treinar Nadya, que até então trabalhou como armeira e se tornou navegadora pouco antes.

A pilota faz questão de se mostrar segura e eficiente e, antes de levantar voo, encoraja sua aluna, dizendo-lhe que está tudo tranquilo, não sopra nem uma brisa e o percurso até o objetivo, o vilarejo cossaco de Krymskaya, será rápido; devem apenas seguir o avião que partiu antes.

— Veja — explica Larissa através do tubo de borracha —, já estamos quase lá. Zhenya e Lena chegaram antes, agora estão descarregando as bombas... Os projetores do inimigo ainda não estão acesos... Não nos notaram; por alguns minutos, vou subir e descer. Olhe com atenção. Assim que estivermos perto do objetivo, puxe a corda e solte... Não se preocupe, eu lhe aviso. Mas você tem de ser rápida, muito rápida...

De repente, Larissa emudece. Viu uma chama repentina, o Polikarpov na frente delas se transformou em chamas e está caindo. Tenta entender de onde partiu o tiro, olha para baixo, mas a artilharia antiaérea não está em funcionamento, ou pelo menos assim lhe parece. Não tem tempo de pensar que outro avião será incendiado, e outra enorme tocha se destaca na escuridão do céu e se precipita no solo. Desta vez tem certeza: os tiros não partiram de baixo.

— Espere! — grita para Nadya, atravessada por uma iluminação: será possível que tenham vindo do céu? De um caça alemão que voa acima delas? Nunca havia acontecido isso. E eis que outro avião, o terceiro, incendeia-se diante dos olhos delas. Não há dúvidas: a morte vem de cima. O coração da bruxa para, suas pernas enrijecem: tem a impressão de estar paralisada; no entanto, move-se, sabe que deve agir com rapidez.

Inicia o mergulho da aeronave e desce cada vez mais, abaixo dos 400 metros, que são o limite mínimo além do qual o avião se torna visível e as bombas explodidas podem matar também quem as lança. Somente então grita a Nadya, que durante todo o tempo permaneceu imóvel e muda, para liberar a bomba. Sabe que correm um risco mortal, mas não tem escolha, a mão já está posicionada no manche para a subida. Deve virar, reerguer-se e ganhar altitude com a velocidade de um raio. Vê um Polikarpov atrás dela. Quem o está pilotando? Não lembra o nome das companheiras nem os turnos de voo, mas espera que a pilota tenha entendido e que sua manobra arriscada e inabitual sirva de sinal. Em vez disso, o avião segue a trajetória prevista, continua a voar rumo ao objetivo. A pilota, como bem sabe Larissa, quer alcançá-lo a todo custo. Em uma fração de segundo, também o quarto Polikarpov se torna uma chama, uma bola de fogo que se precipita rapidamente no solo.

A bruxa consegue virar para retornar, mas não fala, não explica mais nada à navegadora. Nadya observa as costas e a nuca de sua instrutora: estão imóveis, como as de uma estátua. No acampamento, Larissa relata ao comando o que viu. Em seguida, fecha-se em um mutismo sem lágrimas. Nessa noite, as missões são canceladas e as bruxas choram a morte de Zhenya, Lena, Anya, Galya, Sofia, Yevgueniya, Valentina e Irina Kashirina. Oito delas já não vivem. No céu do Cáucaso ocorreu algo que não esperavam, e com o qual devem contar a partir desse momento.

A menos de oitenta quilômetros do acampamento das bruxas, Josef sorri feliz diante de seu caça. Pediu a Alexander, o operador de rádio que o acompanha, que tirasse uma foto dele. Faz pose. Pareceria um esportista em traje cáqui, com o rosto barbeado e sereno, não tivesse pendurado no pescoço a *Ritterkreuz*, a Cruz de Cavaleiro da Cruz de Ferro, o mais alto reconhecimento conferido pela Alemanha nazista a quem se distinguisse em batalha. Sorridente, com um bastão indica as marcas em seu avião: são 27, o mesmo número de aeronaves soviéticas abatidas até aquele momento.

É 1º de agosto de 1943. As últimas três marcas no avião de Josef indicam três dos quatro Polikarpov atingidos na noite anterior. Foram horas de caça pesada para o piloto nazista, que se especializara justamente na batalha noturna e na interceptação dos pequenos bimotores das bruxas.

No início de 1943, as *Nachthexen* já não são um mistério para a *Luftwaffe*, já não são criaturas mágicas que à noite trazem o caos às tropas. Sua existência não é mais mantida em segredo por temor de abater o humor dos soldados. Para os comandantes alemães, elas se tornaram um problema a ser enfrentado e resolvido: pilotas inimigas a serem aniquiladas.

No final do ano anterior, as bruxas tinham atacado um importante comboio de munições em Ardon, no Cáucaso. Após a explosão, outros depósitos de combustível se incendiaram. Perdas consideráveis, um verdadeiro desastre.

Em seguida, bombardearam o aeroporto de Armavir, na região de Krasnodar, onde foram destruídos nada menos do que seis aviões, dentre os mais modernos, a joia da coroa de sua Força Aérea. Foi nesse momento que a *Luftwaffe* organizou uma unidade de caça noturna especial, com aviões dotados de potentes refletores, ainda mais potentes do que os de terra, e de todos os instrumentos possíveis para atacar com segurança.

Na madrugada do dia 1º de agosto, Polina é uma das últimas a aterrissar, e olha ao redor à procura de Galya. Encontra o olhar desesperado de Natalya, depois o de Irina. Vê Larissa sentada, com as pernas cruzadas, debaixo de um Polikarpov, o rosto fechado na dor; observa Yevdokia, que ordena a suspensão dos voos, e entende: Galya não retornou.

Eram amigas desde que frequentaram a mesma escola, em Gomel. Na época, Galya já era uma menina especial, que adorava literatura e música, mas que apaixonou-se pelo voo assim que o descobriu. E Polina a invejava: a companheira tinha físico de aviadora, enquanto ela, tão baixinha, dificilmente poderia se tornar pilota. As circunstâncias da vida se deram de outro modo: ambas foram aceitas no regimento 588, mas Polina voava todas as noites, enquanto Galya havia sido destinada à organização. Sofrera com isso; desejava combater, não gostava de ocupar-se de papéis, turnos, provisões. Assim, suplicava a Yevdokia Bershanskaya para deixá-la subir em um avião de vez em quando, e às vezes lhe concediam uma autorização especial. Ficava feliz como uma menina que finalmente ganhou o presente desejado. Quando voltava, trabalhava duro, esperando a ocasião em que poderia fazer uma nova solicitação à comandante.

Polina fica paralisada pela dor, não consegue nem mesmo perguntar como aconteceu. Olha os semblantes perturbados das companheiras, que se reuniram em silêncio em um canto do acampamento, e permanece muda. Em seguida, sente os braços fortes de Natasha apertarem-na com afeto.

Sem interromper o fluxo das palavras, Irina nos faz um aceno. Entendemos no mesmo instante: é a hora do chá. A mesa à qual nos convida a nos sentarmos ocupa quase toda a pequena copa e está repleta de todo tipo de lata e caixa, chá, café, mel, biscoitos, frutas, bombons, balas, pão, queijo, salame. Não é fácil arranjar um espaço para as xícaras de chá, mas Irina não se preocupa. Senta-se e, enquanto Eleonora prepara a chaleira e eu tento abrir algum espaço na mesa, Irina continua a falar. De agosto a novembro de 1943 – lembra-se –, morreram 16 bruxas, oito naquela terrível noite de 31 de julho.

Em Moscou tornou a nevar, está quase escuro, temos de acender a luz. O lustre ilumina o cômodo e clareia um pequeno quadro que eu não havia notado nos dias anteriores, com um grande papagaio bem colorido. A velha senhora intercepta meu olhar. Explica-me que não é uma pintura, embora assim possa parecer, mas um bordado com pontos diminutos, feito por ela em 1943, justamente enquanto voavam e bombardeavam. Naqueles momentos terríveis em que se sabia que o perigo era grande, quando a tensão era tanta que ninguém conseguia fechar os olhos, nem mesmo nas horas em que isso era possível, todo o regimento bordava – conta-nos.

Não era fácil encontrar linhas e tecidos, mas tinham as roupas íntimas fornecidas pelo exército, feitas de pano azul. Delas tiravam as linhas, e havia ainda as faixas brancas que enrolavam nos pés antes de calçar as botas, pois os depósitos do Exército Vermelho não forneciam meias. Então, bordavam flores azuis em faixas brancas. Quando Irina entendeu o poder tranquilizador do bordado, escreveu à mãe e à irmã para que lhe enviassem novelos e agulhas, e assim realizou o coloridíssimo papagaio.

"Sim", repete diante de minha expressão evidentemente incrédula, "nós bordávamos." Como era possível adormecer com as pernas ainda tremendo, o coração disparado e os pulmões cheios de fumaça? Pegavam, então, linha e agulha e faziam flores, pássaros, iniciais em todos os travesseiros do acampamento e pequenos centros de mesa para quando voltassem para casa.

Depois da guerra, Irina nunca mais bordou.

Zhenya

Na noite de 9 de abril de 1944, a lua é uma foice recortada no céu de Kerch, e o ar, que já não está frio, marca o fim certo do inverno. No comando do seu Polikarpov, Irina observa a Crimeia de cima: martirizada, em ruínas, repleta de buracos abertos pelas bombas e pelos projéteis. Nessa noite, Yevgueniya, a pequena Zhenya, observa o céu, a lua e as estrelas do pequeno aeródromo e pensa que os aviões, com o fundo luminoso dos astros, são perfeitamente distinguíveis; um alvo claro para o inimigo que, depois de ter deixado Taman, encontra-se justamente nos primeiros postos avançados da península.

Por sorte há nuvens no horizonte.

Zhenya – navegadora experiente e instrutora – foi informada de que não decolará com Dina, sua amiga do peito, a pilota com quem divide a cabine há meses. Desta vez, com ela irá uma moça iniciante que deve passar por treinamento. Fica chateada, pois Dina é a única que sabe corrigir seus erros. Sobretudo nessa noite, em que o objetivo a ser atacado é bastante difícil. Contudo, não diz nada; sabe que às vezes as tripulações mudam para que as mais experientes ensinem as recém-chegadas. Sabe que se deve obedecer.

Dina também está triste; porém, sufocando a amargura repentina, o mau humor e um mau pressentimento, sobe em silêncio no avião seguinte.

O Polikarpov da amiga está na frente do seu quando é atingido pela luz dos projetores. É uma questão de segundos: o avião, que não consegue fugir dos feixes luminosos, é envolvido pelo fogo. Na desesperada tentativa de evitar que Yevgueniya seja novamente atacada, Dina lança suas bombas. Os projetores se dirigem a ela, mas a artilharia antiaérea não consegue acertá-la. Alguns segundos depois, os foguetes luminescentes, transportados no avião da bruxa astrônoma, explodem, e o Polikarpov começa a cair. Com as mãos segurando o manche e o olhar fixo, Dina vê diante de si uma bola de fogo da qual se solta um grande facho, que atravessa o céu como um meteoro. É o corpo da amiga, reduzido a uma tocha que se precipita e se perde na escuridão do terreno abaixo delas. No pequeno aeroporto não muito distante, as bruxas também acompanham impotentes, com o olhar fixo, aquela língua de fogo: ninguém pode ajudar Yevgueniya; nem mesmo o que dela resta poderá ser recolhido.

Nesse momento, tenho de me interromper, assim como é interrompido o relato de Irina. Na sala da rua Leninskie Gory, já quase escura em meio ao crepúsculo moscovita, há um momento de silêncio.

Nas longas tardes passadas entre recordações e relatos, Zhenya era citada com frequência, e sempre com ternura e afeto. Irina, que não é afeita a sentimentalismos nem saudades e nos falou da dor e da morte sem se deixar levar por nenhum tom melancólico, não esconde a emoção e a admiração quando cita sua jovem companheira. De resto, em tudo o que as outras bruxas escreveram sobre Zhenya – assim a chamavam –, encontrei sentimentos de ternura e afeto.

Muitas vezes me perguntei a razão para tanto. Quem era essa jovem de quem Irina e as outras gostavam tanto? O que tinha de especial e único a ponto de induzir todas a falar dela com nostalgia e saudade?

A bruxa procura entre os livros que estão em sua escrivaninha e nos mostra um. A capa feita de papelão verde-claro traz a foto de uma moça de cabelos louros e curtos, acima das orelhas, o olhar alegre e o sorriso tímido. Contém o diário e os escritos de Zhenya entre 1941 e 1944, que Irina reuniu e comentou. A velha senhora o mostra a nós.

— Aqui vão encontrar tudo sobre ela.

Pegamos o livro. Irina pensou que o leríamos com calma, em Roma. Mas o lemos logo na mesma noite. Estamos curiosas para conhecer a vida dessa jovem desafortunada, entender por que foi tão amada e o que representou para as mulheres do 588. Assim, Eleonora e eu começamos nosso trabalho em um quarto extremamente quente de um hotel na rua Arbat, ainda muito soviético e, portanto, não propriamente hospitaleiro. Eleonora *traduz e eu faço anotações. Reporto-as tal como as escrevi naquela noite.*

Zhenya amava muito seus pais, mas não hesitou quando decidiu ir para a linha de frente. Era filha única e não queria preocupá-los. Somente em 19 de dezembro de 1941, após dois meses de afastamento, contou-lhes parte da verdade.
Enviou-lhes uma foto sua em um envelope, recomendando que o abrissem com precaução. Havia cortado os cabelos e sabia que talvez não a reconhecessem ao verem o rosto de um rapaz.
Nas cartas escritas aos pais alguns dias antes de ir para a linha de frente, Zhenya mostra uma extraordinária tranquilidade. Oferece-lhes o dinheiro de seu soldo, pois, conforme escreve, de nada mais precisava além de pasta de dente e graxa para os sapatos. Ilustra a vida militar com tintas serenas, quase alegres, como poderia fazer uma menina de férias. Sente-se privilegiada: tem luvas macias como algodão, alimenta-se bem, a manteiga é excelente, as roupas são quentes, está aprendendo o alfabeto Morse. Apenas em fevereiro revela que está para entrar na Força Aérea e que logo será transferida para outro lugar.
— Vocês vão entender — diz aos pais — porque vou lhes enviar uma carta sem remetente.
Para defender a pátria, Zhenya renunciara à grande paixão de sua vida: a astronomia. Amava as estrelas, era fascinada pelas constelações que, sempre que podia, descrevia às com-

panheiras. Sabia contar histórias maravilhosas. "Olho o céu, vejo Órion e Sirius e sonho em me tornar astrônoma, vejo-me em um observatório", encontramos em seu diário de quando era pouco mais do que uma menina. Sabia que tinha diante de si anos e anos de estudo, mas sua vocação era inequívoca. Perdeu o fôlego quando, aos 15 anos, visitou uma biblioteca dedicada ao céu, às estrelas e aos astros. "Fiquei vesga de emoção", anota em seu diário.

Ao final da escola secundária, quis ir para a universidade, mas teve de tomar coragem para apresentar a solicitação. Temia não ser aceita; contudo, foi chamada para uma entrevista na MGU e, no que ela define como "o segundo dia mais bonito da minha vida" (no primeiro, havia sido aceita no Komsomol), soube que fora admitida na Faculdade de Astronomia.

As páginas do diário que Irina nos entregou mostram uma estudante rigorosa, empenhada, habituada a fazer perguntas que às vezes podiam parecer pedantes, até ficar claro para todo mundo – professores e alunos – que Zhenya queria estudar e se aprofundar como ninguém mais. Em 1938, com apenas 18 anos, entrou para a Sociedade Soviética de Astronomia e Geodésia e no ano seguinte tornou-se responsável pelo Departamento de Estudos do Sol, com a missão de cuidar dos relatórios e elaborar os dados de um grande número de observatórios espalhados por todo o território soviético.

Por toda parte em seu diário vibra o amor pela União Soviética: "Como posso não amar o meu país, que me dá uma vida tão feliz?", escreve. E ainda: "Que alegria sentir-se parte de um país imenso, grandioso e, ao mesmo tempo, próximo e familiar!". Por suas contínuas referências a ele, entendemos que se identificava com Pavel, protagonista do romance de Nikolai Ostrovski *Assim foi Temperado o Aço*, o jovem operário e combatente bolchevique que dedicara a vida à Revolução.

No regimento das bruxas, Zhenya tornou-se uma navegadora tão experiente que coordenava um curso de treinamento para armeiras e mecânicas que queriam aprender a pilotar um avião. Voava, aplicava o treinamento e, quando tinha algum tempo livre, observava as estrelas, lia romances e poesias.

E se apaixonava. Pois a disciplinada e ingênua garota do 588, que nunca conheceu um homem, falava do amor com seriedade militante e, com tons leninistas, alertava contra o sexo praticado sem discernimento, nutria verdadeiras paixões por algumas de suas companheiras, às quais pedia dedicação e amizade absolutas. Galya foi uma delas. E, após a morte de Galya, foi a vez de Dina, da qual nunca queria separar-se.

Assim foi Zhenya Rudneva, antes de se tornar um facho em seu céu tão amado.

Finalmente entendo: Zhenya era o símbolo do regimento.

Se é natural que um grupo unido e solidário selecione uma favorita, para as meninas do 588 a favorita era ela. Todas ficaram encantadas com sua instintiva indiferença à fealdade e ao mal; com o amálgama profundo entre competência, disciplina, abnegação e o mundo fantástico das estrelas e dos astros, no qual continuava a viver; com a convivência, no mesmo caráter, de um espírito romântico e poético e um patriotismo férreo.

Para as bruxas, Zhenya representava a inocência da juventude de todas, o entusiasmo que não aceitava os limites do medo, a ausência de todo cálculo.

— Algum tempo antes de morrer — conta Irina —, confessou-me que nunca tinha beijado um rapaz. Era quase uma menina, como de resto boa parte de nós.

Como uma menina inocente – conta, com um sorriso –, respondera a um impertinente colega de escola que apontara seu seio sob a camiseta e lhe perguntara:

"O que é isso?"

"Uma camiseta", dissera com tranquilidade.

"E debaixo da camiseta?", insistira o outro, com uma risadinha.

"O coração", respondera Zhenya olhando, calma e séria, em seus olhos.

— Zhenya estava em seu 645º voo e ardeu diante de meus olhos. O que restou dela foi descoberto apenas vinte anos depois, perto de Kerch, por um grupo de estudantes que, junto com seus professores, faziam uma viagem aos lugares da guerra. Foi identificada pelo número do motor, encontrado em um pedaço da fuselagem. Seu nome foi dado a uma pequena estrela, descoberta recentemente por nossos jovens astrônomos. Fiquei feliz. A pequena Zhenya continuará a brilhar entre os astros.

Sem paraquedas

Sorridentes, de uniforme, capacete e óculos, Tatiana e Vera estão contentes por serem fotografadas juntas, diante do Polikarpov, antes de começarem a missão. Conservarão essa foto, e será uma bela recordação da sua amizade, do tempo em que estiveram juntas. Passaram por poucas e boas, e sempre conseguiram se sair bem.

Antes da guerra, Tatiana havia trabalhado como doceira, mas decidiu que sua vocação era outra e se alistou. Os doces, que, segundo diziam, ela sabia fazer muito bem e que de vez em quando prometia às amigas, haviam sido esquecidos.

O uniforme desengonçado esconde um corpo magro, quase etéreo, mas também forte; as botas grandes não a impedem de dar passos velozes e leves; e seu humor em geral é alegre. "Quando caminha, parece dançar", comenta Natalya ao observá-la descendo do avião após uma missão. Todas admiram seu estilo de voar. Pelo que se diz no regimento, ninguém voa com tanta graça e habilidade.

Tatiana conheceu sua amiga Vera no trem que as levou a Engels. Vera é gorducha e tem uma aparência severa. Leva tudo muito a sério e ama a disciplina, inclusive em seus aspectos mais rígidos, que as outras suportam com dificuldade. Ensinou no Instituto de Pedagogia de Moscou e, no final da guerra, pensa em voltar a ensinar em Kerch, cidade onde nasceu.

Fizeram o primeiro voo juntas, por acaso, e gostaram uma da outra. Quando sobem no Polikarpov, não precisam de muitas palavras. A harmonia é importante em missões em que os mínimos gestos contam e um segundo a mais ou a menos pode custar a vida. Yevdokia, que percebeu a amizade e a sintonia, deixa que decolem sempre em dupla e lhes confiou também voos perigosos à luz do dia. As duas amigas voltaram sorridentes e brincaram sobre as preocupações que haviam notado no semblante da comandante.

Ainda falam com orgulho de quando partiram para bombardear um dos vaus do rio Terek, próximo à estação de Khamidie. Tudo naquele voo havia conjurado contra elas, e nunca teriam tido êxito sem o vínculo que as unia nos gestos e nos pensamentos. Alçaram voo com um céu tão cheio de nuvens que pareciam voar em natas. Depois o tempo melhorou, mas as nuvens se condensaram ainda mais e justo no momento em que deveriam mirar o alvo, obrigando-as a avançar às cegas. Quando o céu voltou a clarear, já estava em operação a artilharia antiaérea inimiga, e os refletores mantinham prisioneiro em uma rede de luz o Polikarpov que havia partido antes delas. Ao lançarem uma bomba luminescente, atraíram a atenção e conseguiram fazer com que duas colegas escapassem. Então, o fogo inimigo concentrou-se nelas de maneira feroz. "Agora temos de ir embora", gritara Vera, e Tatiana começou a realizar as manobras nas quais era muito hábil: inclinou o avião primeiro para um lado, depois para o outro, e começou a ziguezaguear, evitando as luzes e conseguindo escapar do fogo cruzado do inimigo. A essa altura, um instinto profundo lhe disse que tinha de se afastar o mais rápido possível e virar, mas não o fez. Algo mais forte do que o instinto de sobrevivência a impediu. Talvez tenha sido a voz de Vera, que gritou "conseguimos", indicando o alvo. Tatiana conduziu o Polikarpov para o local a ser bombardeado, sabendo que, a partir desse momento, ela e sua companheira se tornariam uma presa fácil e poucos segundos decidiriam sua vida: a navegadora tinha de fazer a pontaria, e a pilota, manter a velocidade, a altitude e a rota.

Não trocaram nem mesmo uma palavra. Tatiana se concentrou nos comandos, e Vera lançou as bombas no momento exato em que estavam sobre o alvo. Tinham conseguido, mas não houve tempo para dar um suspiro de alívio: o inimigo também atacou, danificando uma lateral do avião, que começou a vibrar e perder altitude; as alavancas quase não respondiam. Tatiana entendeu que não conseguiriam recuperar a altitude com a velocidade necessária e que talvez não conseguissem superar as montanhas e voltar ao acampamento, talvez caíssem ali mesmo, a poucas centenas de metros do inimigo. Não dissera nada a Vera, não era necessário; sua companheira havia entendido tudo. Em silêncio, permaneceram lúcidas e concentradas, e a natureza as socorreu: uma inesperada corrente ascensional as ajudou a superar o cume que as separava do acampamento.

Finalmente a salvo? Não, ainda não. A névoa havia chegado, e o aeroporto desapareceu da vista. Ao retornarem, Tatiana e Vera conseguiram rir das desventuras que se sucederam sem trégua – sim, tinham escapado –, mas no momento em que as vivenciaram, ficaram desesperadas. Todavia, conseguiram aterrissar e, ainda na cabine de comando, com as pernas trêmulas e os olhos ardendo, conscientes de terem escapado por pouco, viram a mecânica Zina vir ao seu encontro. Zina sorrira, alegre, sem prestar atenção aos olhos vermelhos e aos rostos perturbados. Dirigiu-se ao avião, examinou-o e disse a Tatiana:

— Não se preocupe, comandante, amanhã conserto, e ele vai funcionar como novo. Vamos curá-lo.

Riram com gosto.

Em junho de 1944, após quatro anos durante os quais os alemães concentraram grande parte de seu esforço bélico contra a URSS, os Aliados americanos e canadenses desembarcam na Normandia, dando início a uma batalha que duraria dois meses e meio. No entanto, no verão de 1944, enquanto as bruxas voam sem parar no céu da Varsóvia ocupada, é difícil pensar que a guerra esteja entrando na fase final. A abertura da segunda linha de frente não alivia a primeira. A chegada do Exército Vermelho não subjuga imediatamente o inimigo que, às margens do Vístula, rio que corta em duas a capital polonesa, ainda se mostra resistente. A Polônia está em chamas. A revolta de Varsóvia é sufocada com sangue.

Também no dia 25 de agosto Tatiana e Vera sobem em seu Polikarpov. Já fizeram 700 voos juntas. Desta vez, haviam sido destinadas a aviões diferentes, mas as duas amigas objetaram e, ao final, acabaram vencendo.

O voo é difícil, precisam sobrevoar montanhas, e a visibilidade é muito escassa. A artilharia antiaérea inimiga entra em ação de imediato e mira quatro projetores na direção delas. Vera desengata as bombas a tempo, e Tatiana consegue recuperar a altura, evitar o fogo inimigo e voltar para o acampamento. Dá um suspiro de alívio, mas não leva em conta o perigo que chega do céu, com um caça alemão que bombardeia o pequeno Polikarpov. O tanque de combustível incendeia, e o avião se transforma em uma bola de fogo, que se acende no céu ainda escuro. Pilota e navegadora não podem se mexer, estão presas em seus postos de comando. Ardem.

Alguns minutos depois, quando o primeiro sol do verão anuncia no pequeno aeroporto que os voos terminaram, Irina faz a chamada. Tatiana e Vera não respondem. Todas sabem o que significa esse silêncio. Precisam apenas procurar os destroços do avião, que só pode ter caído na vizinhança: encontram-no no dia seguinte. Descobrem que, embora atingidas, as duas moças ainda tentaram, até o último instante, manter a rota. Desta vez, a sorte não as ajudara; sua amizade e sua sintonia não haviam sido suficientes. Morreram queimadas no céu, enquanto sobrevoavam terras já ocupadas pelo Exército Vermelho, a poucos quilômetros de seu acampamento.

Um automóvel leva ao pequeno e improvisado aeroporto o que resta de seus corpos jovens, e Irina e suas companheiras veem pela primeira vez a que o fogo reduz as bruxas que ardem no céu.

Em 1944, as mulheres do 588 conheceram bem a morte. O regimento já sofreu e chorou por muitas, incontáveis perdas. Todo pudor e toda disciplina militar se dissolveram ante o falecimento de suas jovens companheiras. Até aquele momento, porém, a morte havia sido uma subtração violenta, uma perda repentina, um desaparecimento injusto. Mesmo quando ocorrera diante de seus olhos, manifestara-se em um fogo no céu, em um meteoro que o atravessava, nos fachos que se precipitavam do alto e caíam em lugares imprecisos e inatingíveis. Tinham seguido com os olhos aqueles fachos, mas ninguém nunca vira como os corpos se transformavam em meio ao fogo: a carne escura e queimada, os rostos devastados, as órbitas sem olhos, o odor acre.

No entanto, Tatiana e Vera estão diante delas, reconhecíveis apenas pelos distintivos nos uniformes, igualmente deformados pelas chamas.

À dor se acrescenta o remorso. As duas bruxas teriam se salvado se tivessem paraquedas, mas o regimento não os quisera. E ninguém havia insistido para que os adotassem. Eles teriam ocupado muito espaço no estreito habitáculo em que se sentavam a pilota e a navegadora, dificultado os movimentos e, com seu peso, impedido que o avião fosse carregado com o máximo de bombas. Além do mais, lançar-se de paraquedas e chegar viva ao território ocupado pelo inimigo, ser capturada pelos alemães e tornar-se prisioneira deles era pior do que arder no céu.

Pista de dança

Irina se levanta quase bruscamente e nos diz que guardou para nós maçãs cozidas no açúcar. Estão boas e quer que provemos. Pega a bengala, vai até a geladeira, abre-a, pega a lata e nos oferece. Com um gesto muito veloz para a sua idade, põe a palavra "fim" no relato da morte de Tatiana e Vera. Desta vez, não me surpreendo, entendi há tempos que a bruxa sempre interrompe o relato quando teme que as emoções se tornem fortes demais. Em nossos encontros iniciais, pensei que as pausas no relato pudessem ter relação com o cansaço ou com a emoção, mas descobri que não era assim. Com seus 96 anos, Irina nunca se cansa ou talvez saiba dosar bem suas forças. Convida-nos à tarde porque sente-se mais disposta depois de um cochilo. Após mais de setenta anos, domina muito bem as lembranças, mesmo as mais trágicas. No final, entendi: interrompe-se porque não quer que suas convidadas se percam no relato da dor, da morte, do sofrimento. Quer evitar que, seguindo uma tragédia pessoal, percam o senso de aventura de suas companheiras e o valor da Grande Guerra Patriótica.

Com efeito, as maçãs conservadas no açúcar servem a esse objetivo: o perfume das especiarias se espalha pelo ambiente, e o clima volta a ser tranquilo e leve.
— É muito fácil de fazer — diz-nos, satisfeita, e nos promete a receita.
Em seguida, recomeça o relato de onde havia parado. Aponta o eletrodoméstico do qual acabou de tirar a lata.
— Sabem onde e quando vi pela primeira vez uma geladeira? Em 1944, quando chegamos à Prússia Oriental. Ainda não era exatamente como esta, mas já se parecia.

As bruxas se olham com ar de interrogação e não conseguem entender o que é aquela grande caixa branca que encontram nas cozinhas, o objeto que mais as surpreende entre tantos que admiram nas casas do país aonde chegaram. Para quem vive há quatro anos em acampamentos improvisados, as casas prussianas são realmente outro mundo: preciso, bem cuidado, limpo. Veem jardins bem conservados, pisos brilhantes, centros de mesa bordados, cozinhas impecáveis, potes de geleia nas despensas, mobília de todo tipo e tamanho, quadros nas paredes. Do lado de fora, currais para as vacas, pomares organizados, hortas geométricas. Após terem passado por vilarejos bielorrussos e poloneses miseráveis – onde as casas eram pouco mais que barracões, homens e mulheres viviam com os animais e a pobreza era tanta que impressionava até mesmo quem, como elas, estava habituado –, surpreenderam-se com o bem-estar tão sólido e íntimo daquelas casas.

Não encontram ninguém, nem homens, nem mulheres, nem crianças: todos fugiram às pressas. As bruxas andam pelos cômodos, caminham quase na ponta dos pés, olham tudo, observam a cotidianidade abandonada, a intimidade profanada e, nas casas do inimigo, sentem-se inundadas por sentimentos que não imaginariam experimentar, como nostalgia, arrependimento, desconforto: fazia anos que já não sabiam o que era a segurança acolhedora de uma casa. O ódio pelo alemão invasor se dilui em uma melancolia que nasce no fundo de cada uma delas e se estende aos objetos, aos quadros, às poltronas, à xícara lavada e deixada na pia, ao xale abandonado em uma cadeira. Irina vê um carrinho de bebê do lado de fora de uma casa. "Devem ter levado a criança nos braços" – pensa –, e a angústia se mistura à ternura.

Em seguida chega o crepúsculo, e tudo se transforma. A paz doméstica que por um momento viram nas casas prussianas e a beleza dos jardins e dos pomares desaparecem dos olhos e da mente. A guerra segue adiante e ainda é feroz, outra cotidianidade ocupa seus gestos, os pensamentos mudam de direção, retorna a determinação de ir até o fim, de não deixar ao inimigo nem mesmo uma mínima possibilidade de se reerguer. Intensos e numerosos, os bombardeios são retomados. Nas longas noites do outono-inverno de 1944, cada avião do regimento consegue fazer até 16 voos. São difíceis, como os realizados na península de Taman e no Cáucaso, pois mais uma vez as bruxas estão perto do mar e a névoa densa se eleva, impedindo o reconhecimento dos objetivos, tornando mais complicado partir e voltar aos aeródromos. Às vezes os pequenos Polikarpov são obrigados a aterrissar nos bosques porque perdem a rota. As pilotas e navegadoras saem com braços e pernas quebrados dessas manobras improvisadas. São resgatadas após algumas horas por suas companheiras e mandadas para os hospitais. Outras assumem seu posto e, incansáveis, continuam a bombardear.

A partir do verão de 1944, a força soviética demonstra toda a sua potência e seu desejo de desforra. A Operação Bagration – codinome dado por Josef Stalin à grande contraofensiva na Bielorrússia e na Polônia Oriental – é a derrota para as Forças Armadas alemãs. Em termos de perdas humanas, o maior fracasso da *Wehrmacht*, superior até mesmo ao sofrido em Stalingrado.

Da Bielorrússia à Polônia, depois à Prússia, os soviéticos não dão trégua ao inimigo, que, no entanto, continua a resistir. As provações parecem não ter fim para o 588. Em fevereiro de 1945, quando a estratégia do Kremlin prevê reduzir a segunda linha de frente bielorrussa e intensificar a terceira – que, com a primeira, deve penetrar cada vez mais no território inimigo –, o regimento das bruxas é constantemente empregado.

Na Prússia, encontram chuva e lama. A decolagem é impossível, porque as rodas dos aviões escorregam, e os Polikarpov são obrigados a permanecer parados, fora das pistas de lançamento. São salvos pela criatividade de Sonya, engenheira que o regime havia injustamente perseguido e que voltara a trabalhar com suas companheiras. É sua a ideia de construir, para a decolagem e o pouso, uma pista de madeira de duzentos metros por trinta.

Mais uma vez, nossas meninas conseguem tudo sozinhas, trabalhando com as mãos e os poucos meios à disposição: desmontam cabanas e currais que encontram nas redondezas e, com a madeira retirada, constroem a pista projetada por Sonya. Quando a concluem, olham para ela: parece uma "pista de dança", e é assim que continuam a chamá-la. Ao lado da pista criam acostamentos, onde deixam os aviões depois de os retirarem um a um da lama. Aviões pequenos, mas por certo nem um pouco leves. Muitas se reúnem na empreitada: mecânicas, pilotas, navegadoras, armeiras. Após o grito de "Um, dois, três! Já!", as mãos fazem força nas laterais da fuselagem, empurram-na para o alto, erguem-na o suficiente para tirá-la da lama e apoiá-la nos eixos de madeira. Então, mais uma vez todas juntas, sem distinção de ordem nem grau, correm para encher os galões com gasolina e abastecer os tanques. Por fim, as armeiras colocam as bombas.

O avião está pronto para a decolagem, mas, nesse momento, começa a parte mais difícil. O Polikarpov tem de partir de uma pista curta; portanto, os motores precisam atingir a máxima potência antes de chegar ao final dos duzentos metros da base. A operação é arriscada; se não conseguirem, se o pequeno avião não alçar voo antes do fim da pista, impede a decolagem dos outros. Tudo é confiado à habilidade e à sorte.

Lá estão elas de novo ao redor do avião, desta vez na "pista de dança". Irina faz o sinal da cruz, e muitas a seguem. Pilota e navegadora entram na cabine, põem o Polikarpov em movimento e esperam que os motores entrem em pleno funcionamento. As outras o mantêm parado: o avião não deve mover-se até os motores alcançarem a máxima potência. Em seguida, a comandante grita "Agora!" e, a esse sinal, as mãos se soltam, o Polikarpov enfrenta a pista e alça voo. É o tempo de um suspiro de alívio, outro sinal da cruz, e o processo recomeça. Por toda a noite, por tantas noites.

Perplexa, Natalya olha para Irina. Entendem-se só com o olhar. A poucos quilômetros do campo em que pousaram, há um grupo de casas divididas por algumas paliçadas e hortas, jardins e veredas. As portas foram arrombadas. Em seu interior, a mobília está em pedaços, com os móveis se acendeu o fogo; intui-se que as poucas coisas de valor foram levadas. Quase nada permaneceu como era.

Às vezes as bruxas chegam aos vilarejos prussianos depois dos soldados soviéticos. Então, nos lugares em que admiraram a beleza e a ordem, veem apenas destruição e sentem o forte odor de madeira queimada. Para Irina, é insuportável. É o mesmo odor que sentiu quando os alemães, ao se retirarem de Taman, incendiaram os campos e vinhedos e quando a *Wehrmacht* reconstruiu em Krasnodar as câmaras de gás onde eram mortos os deportados. A guerra se inverteu, mas continuou a mesma.

Para os homens do Exército Vermelho – companheiros delas –, a entrada na Prússia é não apenas o momento da desforra: é também o da vingança. As casas, que para as moças do 46º Regimento da Guarda são objeto de admiração, motivo de amargura e nostalgia, provocam nos homens sentimentos e reações bem diferentes – e terríveis.

Antes de chegarem a terras alemãs, atravessaram os países ocupados até pouco tempo antes pela *Wehrmacht* e viram com os próprios olhos a devastação inimiga. Quando entraram na Prússia Oriental, encontraram nas árvores próximas à fronteira cartazes escritos pelos prisioneiros russos. Diziam: "Vamos nos vingar". E estão cumprindo. Muitos têm nos bolsos os nomes e os endereços dos alemães que, durante a ocupação, destruíram suas casas, mataram e violentaram. Agora querem encontrá-los. Querem restituir o medo e o horror sofridos por seu povo. Assim, saqueiam e queimam as casas abandonadas, atacam todos aqueles que encontram, estupram as mulheres do odiado inimigo. À violência pode-se finalmente responder com violência, e esta – constatam as bruxas – aumenta a cada dia à medida que se aproximam da capital alemã e a supremacia do Exército Vermelho em termos de homens e armas vai se tornando esmagadora.

Não é de surpreender. O grito "mate o alemão", lançado pelo escritor e poeta Ilya Grigoryevich Erenburg em seus artigos sobre a guerra, tornou-se a palavra de ordem dos soldados que entraram na Prússia.

"Se você matou um alemão", escrevera Ehrenburg no *Estrela Vermelha*, jornal do exército soviético, "mate outro. Nada nos deixa mais felizes do que o cadáver de um alemão. Não conte os dias, não conte as distâncias, conte apenas isto: os alemães que você matar. Mate o inimigo. É o que lhe pede a sua velha mãe. Mate o inimigo, é o que lhe pedem as crianças.

Mate o inimigo, é o que lhe pede a pátria. Não se exima, não recue. Mate."

O veneno se difundiu rapidamente, e tornou-se difícil eliminá-lo. Quando entenderam quanto essa propaganda era danosa, na ocasião em que Stalin emitiu uma ordem na qual dizia que a população dos países ocupados não deveria ser sujeita à violência, que as relações sexuais com as mulheres dos territórios libertados não eram permitidas e que os estupradores seriam fuzilados, já era difícil impor qualquer limite. Até mesmo as bruxas foram advertidas: não deveriam andar sozinhas, pois também corriam o risco de serem agredidas. A violência contra as mulheres não conhecia fronteiras.

Os olhos de Irina se tornam taciturnos como eu nunca os vi. O tom da voz é intransigente, a condenação não tem apelação. Na Prússia, os soldados do Exército Vermelho estupraram as mulheres do inimigo. Comportaram-se como os alemães em terra russa. Não é invenção nem exagero. É inútil o discurso que por anos os historiadores fizeram sobre o número de estupros.

— Eu os vi com meus próprios olhos, e não os esqueço — diz-nos.

A setenta anos de distância, ainda se mostra enfurecida. Com os homens, com seu país, com quem permitiu que esses crimes fossem cometidos. Com quem os justificou.

Gritos às margens do mar Báltico

Tumulto, gritos e disparos rompem repentinamente o silêncio cinzento e plano das margens do Báltico. Irina desperta sem entender direito o que está acontecendo ao seu redor. Não está alarmada; embora sonolenta, intui que os gritos não são de terror nem indicam perigo.

A atmosfera nos últimos dias havia sido dominada pela rotina da guerra. As bruxas continuaram a bombardear todas as noites, ou quase todas. Naquela noite, ao contrário, não deviam voar; assim, ficaram olhando o mar, molharam de brincadeira os pés nas águas ainda frias do Báltico e se retiraram nos refúgios à margem, à espera de novas instruções. Nos dias anteriores, haviam chegado ao coração do país inimigo, até a capital.

Irina tem uma foto na mão. Vemos o Portão de Brandemburgo e, ao fundo, Berlim em ruínas. À direita, no céu cinza, voa um pequeno Polikarpov.

— Era pilotado por Natalya e Irina Sebrova — conta —, mas todas nós tínhamos sobrevoado a cidade destruída e identificado os focos de guerra, os pontos em que ainda grassava a batalha. A capitulação estava próxima, a guerra estava acabando, mas não sabíamos quando isso aconteceria.

E eis que nos mostra outra fotografia. Dessa vez, datada: 7 de maio de 1945. Novamente o Portão de Brandemburgo, sob o qual Yevdokia Bershanskaya posa com outros comandantes. Está sorrindo em seu uniforme de desfile.

Enquanto se encontravam em Berlim, chegara a ordem para que fossem ao norte da Alemanha com uma missão precisa: explorar a costa nos arredores de Hamburgo e atacar uma fábrica secreta, onde, segundo se dizia, eram produzidos mísseis especiais e muito potentes, com os quais os alemães poderiam tentar um último ataque e arrasar países inteiros em poucos minutos.

Para dizer a verdade, Irina tinha suas dúvidas. A propaganda nazista costumava fazer circular rumores de novas armas secretas, que aniquilariam o Exército Vermelho e os Aliados ocidentais. Todavia, o comando dera a ordem; assim, em longos voos de reconhecimento, observaram atentamente o território, descobrindo o canteiro de obras de uma base de lançamento que parecia abandonada. As costas eram desertas e silenciosas, não havia armas nem soldados, não se ouvia o voo de nenhum avião.

Nos últimos dias, Irina notara uma mudança, uma transformação difícil de descrever, porém, concreta. A guerra, que continuavam a combater, já não era a de alguns meses antes, quando haviam bombardeado a Polônia e a Prússia Oriental. Não apenas porque o exército soviético havia chegado ao coração do Terceiro *Reich* e a derrota definitiva parecia certa, mas porque algo se havia modificado nos ânimos e na relação com o inimigo. A mudança era percebida no ar, nas pequenas experiências cotidianas, nos humores, nas reações que cada um notava nos outros e em si próprio, mesmo no âmbito de uma vida militar, que permanecia dura e regulada por prioridades indiscutíveis.

Os alemães que se encontravam nas cidades, por exemplo, não eram nem um pouco agressivos; a população parecia colaborativa e até gentil. Quando as moças se aventuravam nos campos e nos vilarejos, Irina percebia uma hostilidade menor, uma aversão mais contida, uma curiosidade nem sempre paralisada pelo temor. E elas, as bruxas, estavam menos circunspectas, menos desconfiadas. Talvez um senso comum de cansaço houvesse prevalecido sobre o ódio pelo inimigo, ou então simplesmente os alemães tinham entendido que haviam sido derrotados e quisessem evitar motivos de conflito e de mais sofrimento inútil. Era possível que, ao final, a dor produzida pela longa guerra tivesse levado a todos uma sabedoria dos sentimentos, uma maior disponibilidade para compreender a dor dos outros.

Apenas algum tempo antes, justamente enquanto o Exército Vermelho lançava seu ataque e a rendição da *Wehrmacht* era questão de dias, um Polikarpov caíra em um campo. Havia sido um acidente. Depois de uma violenta nevasca, ainda que tardia, decidira aterrissar e, na tentativa de alcançar o solo, batera contra os cabos elétricos e se precipitara; feridas e inconscientes, as pilotas ficaram presas nos destroços do avião. Teriam morrido se, na manhã seguinte, algumas mulheres alemãs que passavam com seus filhos não as tivessem tirado dos destroços e entregado às tropas russas. Irina ficou surpresa; alguns meses antes, isso não teria acontecido, o inimigo as teria deixado ali, por ódio ou medo. Ou talvez as tivesse matado.

Também acontecera de um dia, enquanto as bruxas preparavam o almoço, alguns alemães famintos se aproximarem para pedir comida e elas simplesmente lhes oferecerem, como se fosse normal e natural fazê-lo. Não os consideraram inimigos naquele momento nem temeram alguma armadilha.

Então explodem aqueles gritos, aquele clamor sem razão. Irina sai do barracão onde se instalou com o restante da equipe e intui que as vozes vêm da construção de madeira na frente, onde dorme o restante do regimento. Vê as moças – pilotas, navegadoras, mecânicas e armeiras – saírem seminuas do barracão; vê fogos de artifício coloridos atravessarem o céu. E abraços, beijos, uma euforia e uma alegria incompreensíveis.

Marya, jovem armeira alta e gorda, capaz de levantar do chão dezenas de quilos e que por três anos havia colocado as pesadíssimas bombas sob as asas dos Polikarpov, aproxima-se correndo de Irina. Em geral é silenciosa, comedida, disciplinada e até mesmo – como a definem suas colegas – um pouco mal-humorada. Agora parece ter esquecido toda hierarquia e abandonado todo controle. Abraça Irina, ergue-a do chão e grita:

— A guerra acabou!

Então, em meio a toda aquela gritaria, Irina e Yevdokia conseguem distinguir as palavras, entender o motivo da incontrolável explosão de alegria que, em um instante, contagia também o grupo de comando: a Alemanha assinou a rendição. É a paz.

Nos minutos seguintes, em um clima de entusiasmo e excitação, a notícia é detalhada: após a morte de Hitler, ocorrida alguns dias antes, os nazistas capitularam; o longo conflito, iniciado em junho de 1941, chegou ao fim; o Exército Vermelho conseguiu. Elas conseguiram. O anúncio não é oficial, mas a notícia é certa. A responsável pelas comunicações no regimento, a única a possuir um rádio – do qual até o comandante e a equipe são desprovidos – fora informada apenas poucos minutos antes. A paz havia sido firmada à meia-noite: no dia 8 de maio para a Europa, já 9 no horário de Moscou.

É o momento de festejar, de preparar uma longa mesa e um jantar como não se via fazia tempos, e de não economizar na comida e na vodca. Também chegam os homens dos destacamentos acampados um pouco mais longe dos barracões das bruxas, e são acolhidos com alegria amistosa. Com o fim da guerra, terminam a separação e a competição hostil entre eles, sem a necessidade de palavras.

Na realidade, o separatismo das bruxas já havia registrado alguns abalos nos meses anteriores. E a prova inequívoca chega alguns dias depois, quando o Regimento da Guarda é transferido para Alt Rehse para um período de descanso. Ali são organizadas as comemorações oficiais, das quais participam os destacamentos masculinos, os altos graus da Força Aérea e até mesmo Konstantin Konstantinovich Rokossovsky, um dos generais que assediou as tropas alemãs no cerco de Stalingrado, administrou o comando da linha de frente bielorrussa e entrou na Prússia ocupando Danzig e Stettin.

Enquanto se canta, se dança e as rações de vodca superam em muito o permitido; enquanto os comandantes propõem contínuos brindes à vitória, a Josef Stalin, à grande pátria soviética e os discursos se tornam cada vez mais triunfalistas e decididamente retóricos; pois bem, em meio a uma festa miliar e patriótica, nasce um menino. Um belo menino louro, saudável e até meio gordinho. Sem nenhuma dúvida, Anya, a mãe, piloto do regimento das bruxas, violou toda disciplina militar e não levou em conta a escolha separatista de seu regimento. Acima de tudo, conseguiu esconder a gravidez até aquele momento. Ninguém, nem mesmo suas colegas, havia suspeitado. Agora que o menino estava diante delas, envolvido em fraldas improvisadas, as bruxas se lembram de que Anya vomitava com frequência; no entanto – e Irina se recorda bem disso –, fazia o possível para ser chamada como piloto de turno. E não queria renunciar a nenhum voo; ao contrário, mostrava-se aborrecida quando, por algum motivo, ordenavam-lhe que permanecesse em terra. Nas últimas semanas havia coberto pelo menos cem turnos. A certa altura, havia engordado um pouco. E elas – a milhares de quilômetros da verdade – obrigaram-na a fazer ginástica. Se continuasse a engordar – disseram-lhe –, não conseguiria entrar na cabine do Polikarpov. Obediente, Anya fez os exercícios que lhe atribuíram, e continuou a voar e a vomitar.

Yevdokia está confusa. Pela primeira vez, em quatro anos de guerra, não sabe como comportar-se. Por certo, não é o caso de punir uma puérpera com o recém-nascido nos braços, após o anúncio da vitória e da paz; não pode recorrer à disciplina militar diante daquilo que todos saúdam como milagre, porém tampouco pode congratular-se, mostrar felicidade – embora esteja estampada em seu rosto – se uma pilota de um regimento de bombardeiras infringe todas as regras. Não se podem procrastinar as normas militares nem mesmo em uma noite de festa, nem mesmo diante de um acontecimento inesperado e alegre, que todos interpretam como sendo auspicioso. Assim, Yevdokia e Irina se dirigem ao general Vershinin para relatar o ocorrido. Não sabem por onde começar, esperam uma resposta severa, uma advertência, talvez uma punição; já pensam em como mitigá-la, em como fazer com que Anya não seja imediatamente afetada. Não esperam por uma risada fragorosa do general.

— Deixem de ser bobas — diz-lhes Vershinin —, Anya é uma heroína. Conseguiu voar com uma criança no ventre. E agora que a guerra acabou, temos de condecorá-la, não a condenar.

A resposta do general é uma libertação. As bruxas começam a costurar fraldas e blusinhas. Todos – homens e mulheres – vão visitar o menino louro que repousa tranquilo ao lado da mãe. O recém-nascido é o primeiro menino do regimento; sinal de que, após a guerra, tudo pode recomeçar.

Irina teria muitas coisas a dizer sobre os primeiros momentos extraordinários que se seguem ao anúncio do fim da guerra e sobre as consequências imediatas disso na vida de cada uma delas. Porém, não tem vontade de contar episódios que, segundo nos diz, outras já narraram melhor do que ela. Podemos ler juntas o que escreveu a poetisa Natalya. Eleonora traduzirá para mim. Assim, ela também ouvirá o belo som da língua italiana enquanto, gulosa, desembrulha um bombom – acrescenta.

Em Alt Rehse se festeja o matrimônio de Masha, uma das pilotas do 588, com seu colega do regimento masculino. A sala está cheia de flores, seguem-se brindes, votos e canções.

Aconteceu o que era previsível. A guerra – conta Natalya – precipitou-se na vida delas como uma tempestade, bloqueando seu curso; depois, a tempestade se acalmou, e a vida, aos poucos, recomeçou. As meninas da Raskova tinham saldado sua dívida com a pátria e agora mereciam ser felizes.

Com efeito, logo após Masha, casaram-se Katya, Larissa e Irina Sebrova. Na maior parte dos casos, os matrimônios ratificam vínculos que haviam sido travados na linha de frente e que, até aquele momento, não puderam ser vividos plenamente.

Durante o matrimônio de Masha, Natalya ouviu uma conversa entre Yevdokia e Botcharov, major-comandante do destacamento masculino de bombardeiros leves, que estava sentado ao seu lado. Entre os dois há simpatia e, durante o conflito, houve colaboração. Nesse momento, estão visivelmente muito alegres.

— Nosso regimento — diz Botcharov a Yevdokia, rindo — reduziu as filas do seu.

Yevdokia o ouve, com a calma de sempre, mas desta vez mais sorridente e disponível à brincadeira. O major a olha com malícia e começa a contar com os dedos:

— Os meus Plyats, Mikhail e Leonid, foram pegos por duas das suas heroínas, Gasheva e Aronova. Nikolai Zhitov raptou Raya Jushina. O meu Akimov foi pego por Zoya Parfionova. Semiretchenksky foi levado embora pela Chudyakova, e Roshin, pela Burzaeva... Que belo separatismo!

Botcharov ri com gosto, elencando os flertes, os noivados e os amores nascidos entre os dois regimentos. Gosta de finalmente poder provocar aquela colega tão austera, que durante a guerra foi cordial, mas sempre o manteve a distância.

Dessa vez, Yevdokia aceita a brincadeira.

— Sim, tem razão — responde —, mas tem certeza de que as coisas ocorreram assim? Quem pode realmente dizer quem pegou quem, qual regimento subtraiu forças do outro?

Agora é a comandante das bruxas que ri e, enquanto olha o major nos olhos e toca seu copo para brindar, acrescenta:

— Acho que nenhum deles vai comandar o outro. Cresceram na linha de frente e, em tempos de guerra, habituaram-se a colaborar com igualdade.

A competição até então silenciosa entre Yevdokia e o major-comandante Botcharov torna-se alegre durante o matrimônio de Masha e, sem que nenhum dos dois perceba plenamente, mais íntima. Casam-se alguns meses depois.

Mulheres inúteis

Pela manhã, faz um longo passeio; à tarde, fecha-se na pequena casa que lhe foi destinada e, por algumas horas, examina os documentos do regimento. Após o anúncio da paz, Irina e algumas companheiras permaneceram em Schweidnitz, pequena cidade polonesa que havia sido alemã, enquanto as outras bruxas, alegres e em festa, voltaram para a capital a fim de participar do grande desfile da vitória, desejado por Stalin e organizado pelos generais vencedores, Zhukov e Rokossovsky. No dia 24 de junho de 1945, o 46º Regimento da Guarda também está presente na Praça Vermelha. Nunca se viu um desfile tão grandioso.

Irina ficou para cuidar dos papéis e da bandeira do regimento. Nos documentos estão contidos seus anos de guerra: voo por voo, hora por hora, noite por noite, cidade por cidade, bomba por bomba. Fizeram 23 mil voos, 1.100 noites de combate. Uma documentação precisa: nomes, presenças, ausências, notas de mérito, recomendações. Pilotas, armeiras, navegadoras, mecânicas: Irina conhece todos os nomes e rostos. Olha a ficha de Irina Sebrova: 1.100 saídas, uma bruxa recordista. A de Polina: até dez voos na mesma noite. E Natalya, sua querida Natalya, fez 980 voos. São muitos os reconhecimentos e as condecorações: no Regimento da Guarda, há 23 heroínas da União Soviética, embora esse título lhes tenha sido concedido apenas após um número de missões bem superior ao dos regimentos masculinos.

Nos documentos, que examina e controla todos os dias, está a vida de todas e o fim de algumas. Muitas delas já não existem, desapareceram no céu. Trinta e duas morreram. Ninguém – pensa Irina – poderá dizer que a guerra fez concessões às mulheres. Mesmo no número de quedas em batalha, alcançou-se a igualdade.

Recorda e espera. Um dia, escreverá tudo, "vou falar da guerra e das minhas companheiras", prometeu a si mesma.

No período de licença em Schweidnitz, a todas se concedeu convidar a família para festejar o fim da guerra. Pela primeira vez, Irina sentiu-se sozinha. Não tinha marido nem namorado; havia meses que nada sabia de Dimitri. Assim, foi ao comando e pediu para convidar sua mãe. Permissão concedida. A mãe de Irina, que nunca tinha voado nem viajado para fora do país, foi com entusiasmo encontrar a filha e, juntas, visitaram a Polônia, a Tchecoslováquia e a Alemanha. A União Soviética vencedora parecia não negar nada aos filhos e às filhas que haviam lutado e conseguido sobreviver.

Em seguida, iniciou-se para Irina o período vazio da espera, os dias em que o futuro parece nebuloso e suspenso, e poucas obrigações formais substituem as tensões e os medos da batalha.

Espera que lhe digam o que será do regimento das bruxas, qual futuro caberá a ela e suas companheiras. Na realidade, embora não fale a respeito, já entendeu tudo.

As decisões sobre as mulheres combatentes já haviam sido tomadas. Mikhail Kalinin, presidente do Soviete Supremo, antecipou-as a ela apenas dois meses após o fim do conflito, na reunião de um grupo de mulheres militares que, como se diz no jargão, estavam para ser "desmobilizadas".

Kalinin dirigiu-se a elas em tom amável e gentil e com reconhecimento. "Além das muitas coisas que vocês fizeram", disse, "há uma que quero recordar. A igualdade para as mulheres existiu em nosso país desde os primeiros dias da Revolução de Outubro. Mas vocês a conquistaram em outro campo: na defesa da pátria, com armas em punho. Conquistaram direitos iguais em um campo no qual, antes, não tiveram nenhum papel direto." A pátria – declarou o presidente do Soviete Supremo – lhes era reconhecida e lhes agradecia o duro sacrifício. Em seguida, acrescentou com diplomática cortesia: "Do alto da experiência amadurecida nos anos, permitam-me dizer-lhes: não se vangloriem em seu futuro trabalho, não falem dos serviços prestados; deixem que sejam os outros a fazê-lo por vocês. Será melhor". O conselho era para que as mulheres pusessem de lado, o mais rápido possível, o recente passado de combates. E o esquecessem.

Não eram as únicas a ter de fazê-lo. O presidente da República dos Sovietes pedia a todos que apagassem aquilo que a nação havia sido forçada a aceitar durante o conflito: famílias abandonadas por mães e esposas que não puderam ocupar-se do marido e dos filhos, homens obrigados a dividir com as mulheres os perigos e as glórias de uma guerra que, até então, havia sido apenas deles.

Era chegado o momento de pôr de lado uma experiência excepcional e dolorosa para todos. Nesse momento, as combatentes tinham uma nova missão: servir a pátria como "mulheres e mães" e – obviamente – como força de trabalho nos muitos lugares de produção que a guerra havia privado de homens.

Depois da vitória e na nova era de paz, era preciso fazer crescer a natalidade e a produção no Estado socialista. Os homens precisavam encontrar uma esposa, uma casa, uma família. Os papéis deveriam ser restaurados e reconstruídos. À mulher soviética se propunha uma igualdade no trabalho que não apagasse as antigas obrigações familiares, mas as sustentasse e exaltasse.

Naturalmente, ao final da guerra, ninguém diz às mulheres que não podem continuar a voar ou permanecer no exército porque não são capazes de assumir as tarefas requeridas. É impossível desconhecer o heroísmo demonstrado em campo e representado por tantas medalhas nos uniformes. Além do mais, é prejudicial para a própria imagem do país socialista renegar seu papel patriótico. Assim, são restituídas com afeto, respeito e proteção paternalista. Dizem que já deram tanto, que a pátria não quer que continuem a se extenuar em tarefas que eram – e é bom que voltem a ser – dos homens.

Em resumo – e isso é o que querem transmitir as autoridades –, a guerra, com sua dor e sua desordem, foi um parêntese; a paz, finalmente alcançada, reconduzirá a vida à sua ordem natural.

Não é difícil convencê-las. Aos olhos das mulheres, a falsa certeza de uma igualdade conquistada torna a proposta dos dirigentes soviéticos algo simples, coerente e até gentil. A alegria com a vitória, a satisfação com o que foi realizado, o cansaço e o desejo de voltar ao cotidiano ofuscam a real compreensão do que é gritante, mostra ambiguidade e indica duplicidade nas palavras das autoridades do Estado. A necessidade de reconstruir um país destruído e as novas e diversas prioridades dos tempos de paz triunfam sobre toda reivindicação possível.

Assim, ninguém indaga o sentido profundo e intimamente discriminatório das palavras de Kalinin nem da decisão do grupo dirigente soviético.

Já Irina não gostou desse discurso desde o primeiro momento. Por certo, ela também gostaria de voltar à vida normal – talvez retomar os estudos e depois, quem sabe, casar-se e ter filhos –, mas a experiência daqueles anos de guerra, passados entre mulheres, dotou-a de um olhar diferente. Sozinha entre suas companheiras, intui o verdadeiro significado das palavras do presidente do Soviete Supremo, compreende a discriminação contida em seu discurso, tem consciência – a guerra a ensinou a ser realista – de que o futuro será decidido pelos líderes. Ela, porém, pode dar sua versão, pode proteger o passado, fazer com que a lembrança dos anos em que suas companheiras lutaram contra o inimigo não seja entregue ao esquecimento. Pode conservar os documentos e a bandeira do regimento das bruxas até passarem para as mãos mais seguras da história. Foi o que fez até aquele momento, levando-os de um aeroporto a outro, de um lado a outro da linha de frente, e agora decide fazê-lo até o final.

Há uma pergunta à qual as autoridades do Estado e do exército opõem um silêncio desconcertado: o que acontecerá com o glorioso Regimento da Guarda, quando todas elas voltarem para casa? Pode-se mandar para casa cada combatente, mas não zerar o corpo militar, o nome, as condecorações. O regimento das bruxas poderia permanecer parte da Força Aérea mesmo em tempos de paz, pois novas levas – ao menos em teoria – poderiam ocupar o posto das antigas aviadoras. Outras mulheres? Impossível. Ao que parece, a exceção se concluiu com o fim da emergência. Então, serão sucedidas por outros homens? Acontecerá aquilo que, durante os anos da guerra, as bruxas impediram com perseverança e orgulho? Não pode ser. Sua experiência e sua história – decidem juntas – não podem ser entregues a mais ninguém; o regimento deve permanecer tal como foi até aquele momento: apenas feminino. Mas então, a quem deixar a bandeira do 46º Regimento da Guarda?

Em 15 de outubro de 1945, Yevdokia Bershanskaya reúne as moças e lê a ordem de dissolução. Muitas não conseguem segurar as lágrimas. Irina impõe a si mesma dominar toda emoção: tem uma missão precisa, que outras, de comum acordo, lhe confiaram. Assim, guarda em uma caixa a bandeira, os carimbos, os documentos dos voos, o pequeno arquivo do qual se ocupara, verifica se está tudo em ordem, depois vai a Moscou e entrega a caixa ao Museu do Exército Vermelho, declarando desse modo, sem palavras, que a épica experiência daquelas mulheres havia sido concluída. Ninguém se opõe: na história continuarão sendo um regimento apenas de mulheres, o regimento das bruxas.

Depois disso, Irina nunca mais foi ao Museu do Exército Vermelho, nunca mais viu como foi organizada a parte reservada ao Regimento da Guarda, de que modo foram ordenados e expostos os documentos cuidadosamente conservados por ela. "Não me interessa", diz-nos com tom seco e decidido, ostentando uma distância estranha para uma mulher que, durante anos, em livros, artigos e encontros, trabalhou para manter viva a lembrança das suas companheiras. Entendo que não devo insistir, que devo evitar perguntar sobre os motivos desse seu aparente desinteresse. Há uma amargura evidente em suas palavras, uma dor sobre a qual não quer dar explicações. Intuo que devo respeitá-la.

No entanto, estou curiosa para ver o que restou do glorioso passado das bruxas e, no dia seguinte, Eleonora e eu vamos à rua Sovetskoi Armii, ao grande Museu do Exército Vermelho, para ver como e onde a nova Rússia colocou o regimento de Irina.

Superada a escadaria, dominada nas laterais por dois enormes tanques, temos de pedir informações várias vezes e, verda-

de seja dita, os funcionários do museu não demonstram nenhuma surpresa diante de nosso pedido: todos sabem quem são as bruxas.

Contudo, não é fácil encontrá-las. Por certo, as salas do museu exaltam a potência militar à qual os russos, como se sabe, são particularmente sensíveis. Basta um olhar para entender que é muito visitado. É sábado, há classes de alunos com os professores, famílias inteiras trazendo os filhos para conhecer a história de seu país e admirar medalhas, maquetes, aviões, uniformes, mísseis e projéteis. Grandes telas de vídeo oferecem desfiles, discursos e fotos panorâmicas da Praça Vermelha, invadida por uniformes, tanques e canhões. Seguem-se as imagens de Lenin, de Stalin sorridente e jovial, saudando os soldados, depois as dos generais, cheios de condecorações, e de uma nomenklatura *complacente e satisfeita. Em resumo, tudo como manda o figurino.*

Apesar das indicações precisas, tivemos muita dificuldade para encontrar as bruxas. Na realidade, ao regimento 588 é dedicado o espaço de uma vitrine e duas bandeiras. Na vitrine, algumas fotos, entre as quais as de Marina Raskova, alguns óculos de piloto, uma bússola, alguns documentos e medalhas. Não é fácil localizá-lo. É uma vitrine anônima, apenas a bandeira do 46º Regimento da Guarda nos faz compreender que estamos diante de sua "memória". Não se deduz de modo algum que tenha sido um regimento exclusivamente feminino. Também no Museu do Exército Vermelho, somos obrigadas a constatar que a igualdade niveladora levou vantagem sobre uma experiência única e diferente. De fato, ninguém se detém para olhar uma vitrine igual a tantas outras. Seja para os grandes, seja para os pequenos visitantes, o enorme míssil que se ergue com toda a sua potência, ocupando o salão central, é muito mais fascinante.

Esperando por Dimitri

"Enquanto eu corria o risco de morrer, era adequada à Força Aérea e à vida militar. Depois, com a paz, já não precisavam mais de mim." Irina e a mãe estão sentadas na cozinha da casa do tio, onde a bruxa voltou a morar. Faz apenas alguns meses que a guerra terminou, mas Irina já está muito diferente da jovem que subia de uniforme em um Polikarpov, organizava os voos do regimento e esperava o retorno das amigas com os olhos fixos no céu e o coração agitado.

Veste uma saia e um pulôver de tricô feito pela mãe. Seus cabelos escuros, que permaneceram curtos, contornam o rosto de modo imperceptivelmente mais feminino, mas é sobretudo o olhar que mudou: menos decidido, mais interrogativo, volúvel e, de vez em quando, instintivamente desconfiado. Como se a paz e o ambiente doméstico, em vez de tranquilizá-la, a tivessem deixado menos segura.

Conta à mãe que, naquela manhã, enquanto caminhava pelas ruas de Moscou – um passeio sem rumo, como costumava fazer naquele período –, decidiu pegar o metrô e descer na estação Dinamo. Foi conduzida por um pensamento que havia tomado forma nos dias de descanso forçado e depois se consolidou aos poucos: poderia voltar para a Academia Zhukovsky, pedir à aeronáutica para continuar voando como militar. A guerra tinha acabado, mas a defesa da pátria era necessária, os inimigos ainda existiam, embora não fossem os mesmos que haviam combatido nos anos anteriores. Ela sabia que tinha se tornado muito experiente e estava pronta para se empenhar novamente. Como fizera alguns anos antes, saiu da estação de metrô e foi até a prestigiosa academia. Ali, foram cordiais e afetuosos, conheciam bem as façanhas das bruxas, mas – conta deprimida e irritada à sua mãe –, responderam-lhe com um respeitoso e decidido não. Sabiam o que ela havia feito pela Rússia, mas, por sorte, já não era necessário que as mulheres sacrificassem sua vida na Força Aérea. O tempo de emergência havia passado, Irina podia esquecer o esforço e os horrores suportados nos anos da guerra e construir uma nova vida.

A bruxa se sentiu ofendida. A verdade – explica com ressentimento à mãe – é que os homens da pátria socialista não querem mais as mulheres nos papéis que assumiram durante a guerra. Embora tenham lutado de maneira extraordinária, embora muitos as tenham elogiado, embora tenham sido condecoradas com a mais importante insígnia, preferem que voltem ao seu lugar. Nem mesmo o *Geroy Sovetskogo Soyuza*, título de "heroína da União Soviética", recebido por tantas em seu regimento, tem algum valor.

Irina sente-se abandonada, e seu futuro parece incerto. Todos os dias pensa com tristeza que a única coisa que sabe fazer é a guerra: atacar o inimigo, defender-se, voar, organizar-se, bombardear, dar e receber ordens. Após os anos na linha de frente, os estudos de física já estão esquecidos, e suas paixões, principalmente o teatro, foram colocadas de lado. E agora? Em Moscou tem sua mãe, pobre como a havia deixado: com o salário de professora, mal tem do que viver e certamente não poderá mantê-la por muito tempo. Todos os dias podem conceder-se uma sopa de couve e algumas fatias de salame. Nada além disso.

Quando pensa na vida passada – e o faz com frequência –, percebe um paradoxo: o tempo de guerra foi duro e terrível, mas, no fim das contas, foi mais fácil. Naqueles anos, tivera tudo ou quase tudo. Alimentos, roupas, horários, tarefas, amigas, superiores e, principalmente, uma função e um projeto ao qual se dedicar. Agora, o cotidiano sem guerra contém problemas que ela não havia imaginado, e mesmo as coisas mais simples mudaram. Foi difícil vestir de novo as roupas de outra época, aquelas às quais havia renunciado durante o conflito. Habituara-se às calças deformadas, às botas até os joelhos, aos cinturões e ao corte de cabelo masculino. Agora, não se sente à vontade nas roupas femininas; as saias são incômodas, não sabe o que fazer com as pernas descobertas; o par de sapatos novos que a mãe a fez encontrar e que têm até um pouco de salto parecem não pertencer aos seus pés. Tem pouco dinheiro, mas percebe que já não está habituada a pagar pelas coisas. Na linha de frente, tudo era fornecido, não lidavam com cédulas bancárias, apenas com documentos e formulários; não sabe nem mesmo onde colocar as poucas moedas que às vezes tem.

Irina tenta caminhar pelas ruas de Moscou, procura descobrir onde estão as companheiras, volta à universidade, ao jardim ao lado da estátua de Lomonosov, outrora usada como ponto de encontro com os amigos, informa-se sobre os cursos de física. Depois, volta para o quarto que divide com a mãe e, na solidão, ainda encontra conforto da mesma forma que fazia quando estava na linha de frente, escrevendo ao seu amigo imaginário. "O retorno à paz me causa medo", confessa-lhe.

Aguarda a escuridão com apreensão: até alguns meses antes, marcava o início da batalha, enquanto as horas do dia eram de espera e preparação. As bruxas viviam à noite, quando subiam em seus aviões e começavam a voar. Quantas vezes, na linha de frente, pensou: quando essa maldita guerra terminar, vou fechar os olhos ao escurecer e, pelo menos nas primeiras semanas, ficar debaixo das cobertas até todo rastro de sono desaparecer e as noites finalmente voltarem a ser noites e os dias voltarem a ser dias.

Em vez disso, descobre que os ritmos da guerra ainda vencem: às vezes, sente-se muito cansada pela manhã, de repente e sem motivo, e basta sentar-se para cair em um sono escuro e profundo. Quando volta à universidade, ao tentar acompanhar algumas aulas de física para ver do que se lembra e se pode retomar os estudos, sua cabeça balança após alguns minutos e, sob os olhares surpresos dos colegas e dos professores, tem de apoiá-la na carteira. Logo entende que já não tem condições de estudar física como no passado, que deve recomeçar de outro modo, que precisa de ajuda.

À noite, não tem descanso; a guerra retorna com seus rumores, seus odores, seus medos. Irina tem um sonho recorrente: precisa transferir-se às pressas, muito rapidamente, de uma base aérea a outra, e a ansiedade aperta seu estômago porque sabe que o inimigo está chegando, ou melhor, está bem perto. Deve dar o alarme, chamar as meninas, organizar a partida, levar embora os aviões, os carros, as bombas, a gasolina, mas está sem voz, não consegue dar ordens. Em seguida, percebe que os veículos necessários para a transferência não estão lá. Encontra no campo, junto a um Polikarpov, dois meninos abandonados e não sabe o que fazer com eles. Desperta com as mãos trêmulas, a respiração ofegante, o coração disparado: o silêncio noturno de Moscou lhe parece ameaçador como os céus do Cáucaso.

Contou o sonho a Natalya, que também mora em Moscou e ficou sua amiga. Natalya sorriu e lhe disse para não se preocupar, não é a única a temer a chegada da noite, também a ela isso ocorre continuamente, mas, "por sorte" – acrescentou com ironia –, "as minhas visões são luminosas, resplandecentes. Os raios dos projetores atingem meu rosto; ao meu redor há o fogo violento e ofuscante dos aviões em chamas".

Irina escreve de novo ao seu amigo imaginário: "Moscou jogou pelos ares tudo o que eu havia construído dentro de mim nesses anos no exército. Devolveu-me a antiga vida, tentou fazer de mim o que eu era antes, mas só conseguiu em parte, pois é impossível voltar a ser o que eu era... Cinco anos da minha vida se passaram. Ficaram as lembranças calorosas e luminosas e, para mim, vitais e importantes. Adeus, meus anos, meus pensamentos, minhas amigas, adeus. Vamos tentar recomeçar, como se deve, segundo as regras, como antes.

Confio a você – conclui Irina – a menina do passado, que não sabia o que queria. Hoje sei o que quero: a paz, Moscou e o amor.

Por enquanto, encontrou Moscou e a paz. Quanto ao amor, teria de esperar, mas só um pouco.

Um dia encontra Dimitri.

Conta-nos de repente, ao final de uma de nossas visitas, antes do rito de despedida. Quando estamos para ir embora, a bruxa se levanta do sofá-cama, pega a bengala e chega ao final do corredor, onde, em uma minúscula entrada, costumamos deixar nossos casacos, gorros e sapatos. Ali também há um banquinho, no qual, fazendo sempre os mesmos gestos, ela se senta e assiste à complexa operação de vestir as roupas de frio, imposta às suas convidadas pelo inverno de Moscou. Pode até ser, como dizem, um inverno menos gélido que o dos outros anos, mas já é noite, a temperatura está alguns graus abaixo de zero e nós somos particularmente lentas e atrapalhadas nesse ritual. Tiramos os chinelos que ela nos emprestou para que não trouxéssemos a lama congelada para dentro do apartamento e calçamos nossos sapatos pesados, o pulôver de reforço, o casaco, o cachecol, o gorro. Irina nos observa achando graça; de vez em quando em seu olhar reluz uma alegre ironia: nossa relação com o frio russo a diverte. "Nos vemos amanhã", diz, "no mesmo horário." Tem a impressão de que já nos contou tudo, mas, se quisermos... "Claro, seria um prazer", respondemos, "ainda há coisas que não foram contadas: logo após a guerra, a senhora se tornou uma física importante, teve um marido, dois filhos..."

Então a bruxa esquece que estamos no apertado espaço da entrada, que está sentada em um banquinho desconfortável, que nós, de pé, já estamos encapotadas em nossos casacos, com o cachecol enrolado no pescoço; esquece que o gravador está desligado e dentro de uma bolsa, bem como o caderno das anotações, e recomeça a contar.

Revê seu velho amigo em um dos primeiros dias de 1946, na universidade; sim, justamente em uma daquelas salas da Lomonosov que ambos deixaram mais de quatro anos antes. Ele também tinha retomado os estudos de física; Irina sabia disso e esperava encontrá-lo. Depois a aula, decidem dar uma volta em um bosque perto de Moscou. Tinham caminhado tanto nos primeiros meses de guerra, atravessando a cidade de um extremo a outro, e agora, ao contrário de antes, podem até aventurar-se um pouco fora. Dimitri não mudou; a guerra não modificou o olhar que ainda é calmo, não destruiu a sensibilidade do seu caráter, a gentileza dos seus modos. Falam de Mikhail, o velho amigo que não veem há tanto tempo porque foi mandado para a prisão por três anos. Ficam desolados, mas haviam previsto e temido essa situação; era inevitável que suas ideias fossem consideradas subversivas e derrotistas, e que cedo ou tarde a Lu-

bianka* interviesse. Falam da guerra. Nenhum dos dois revela os sentimentos que experimentaram antes de partir, nenhum diz quanto o outro esteve presente em seus pensamentos.

No bosque, Dimitri a beija, e Irina não se surpreende. Sabia que isso aconteceria. Assim, pega a mão dele e, quando voltam para a cidade, apresenta-o à sua mãe, dizendo simplesmente: "Vou me casar".

---

* Prisão no quartel-general da KGB, na praça Lubianka, em Moscou. [N. da T.]

As bruxas também morrem

Diante do teatro Bolshoi há um pequeno jardim. É difícil reconhecê-lo no inverno, submerso pela neve e pelo gelo; enche-se de flores na primavera e fica muito colorido no mês de maio. Após o final da guerra, esse é o local onde as bruxas se encontram todos os anos, no segundo dia do mês que, na Rússia, marca o início da estação temperada, sete dias antes do aniversário da vitória da Grande Guerra Patriótica.

É nosso último encontro. No dia seguinte, Eleonora e eu vamos voltar a Roma. O apartamento da rua Leninskie Gory continuará a receber as visitas dos estudantes e docentes da universidade vizinha, Irina continuará a ocupar-se das suas companheiras e da sua memória, ainda que muitos anos – admite com saudades – já se tenham passado e nem sempre seja fácil manter viva a lembrança nas novas gerações.

    — Nos primeiros meses do conflito — conta-nos —, quando ainda lutávamos no Cáucaso, perto do rio Terek, Anya Elenina, responsável operacional da equipe que trabalhava comigo, con-

fessou-me: "*Quando a guerra terminar, será um dia feliz, mas vou sentir saudade do nosso regimento, das meninas, do trabalho em equipe, das canções, da amizade...*". *Fiquei perplexa com aquelas palavras. Eram verdadeiras, mas soavam estranhas na boca de Anya, um mulherão alto e forte que, a alguns metros de distância, poderia ser confundida com um homem, incansável em seu trabalho e pouco propensa a recordações sentimentais. Anya tinha razão: já nos primeiros meses de guerra, nasceu em nosso grupo uma amizade e uma solidariedade que se fortaleciam a cada dia. Com o fim do conflito, as bruxas retornariam às suas vidas, às suas famílias, se dispersariam no território de seu imenso país, talvez nunca mais se vissem, e isso nos entristecia. Eu também senti um aperto no coração, mas como vocês devem ter percebido, gosto de resolver os problemas e, na ocasião, tive uma ideia que logo comuniquei a Anya. Quando a paz chegasse, as bruxas continuariam a se encontrar, uma vez por ano, em um dia de primavera, ao final do grande frio, só para ficarem de novo juntas, como no Regimento da Guarda. Pronto, se reencontrariam todos os anos, no dia 2 de maio. Anya ficou contente. "É uma ótima ideia", disse sorrindo para mim, antes de correr para verificar se o carregamento de gasolina havia chegado.*

Ainda eram jovens quando se reviram pela primeira vez em tempos de paz. Algumas haviam deixado a trança crescer, outras mantiveram o corte curto. Todas exibiam seus uniformes e suas medalhas. Depois, no jardim do Bolshoi, encontraram-

-se como senhoras mais maduras, com uma profissão e filhos. Nos últimos anos, mulheres idosas, com olhos brilhantes pela emoção de ainda se encontrarem e poderem recordar juntas. É difícil que alguma renuncie ao encontro proposto por Irina e decidido por todas ao final do conflito, quando seu regimento foi desmobilizado.

Todos os anos algumas faltam: também as bruxas envelhecem e morrem. Quem ficou as relembra com afeto e renova o rito em seu nome. Nunca estão sozinhas: são acompanhadas pelos filhos, pelos netos e por quem quiser celebrar o passado e festejar a amizade. No jardim florido leem poesias e cartas de quem não conseguiu comparecer, lembram quem faleceu, cantam as melodias tristes da guerra e as mais alegres da juventude. E, naturalmente, como em toda festa que se preze, vão todas juntas almoçar e brindar ao passado e ao presente.

— Irina, vai este ano ao encontro nos jardins do Bolshoi? — Depois de fazer a pergunta, mordo a língua. Sou uma tonta, minha indagação não faz sentido. Sei que Irina é a última bruxa ainda viva, vejo com meus próprios olhos que não tem condições de sair de sua sala. Por sorte, ela não fica perturbada e responde com a tranquilidade de quem aceitou há tempos que mesmo as coisas mais importantes têm um fim.

— Este ano — diz — não haverá nenhuma celebração. Que sentido teria? Minhas companheiras não estão mais aqui. Fiquei sozinha.

Irina morreu em um dia de setembro. Eu soube por um necrológio do *The Guardian* e fiquei abalada e desolada. Nos meses anteriores, ela havia entrado em minha vida. Após a estadia em Moscou e as longas tardes de inverno passadas juntas, também em Roma passei muitas horas em sua companhia, lendo o que ela havia escrito e o que outros haviam dito sobre ela, ouvindo novamente as gravações das nossas conversas no apartamento da rua Leninskie Gory, olhando as fotos dela e de suas companheiras. Eleonora, incansável, havia traduzido para mim textos, cartas e diários e percorrido novamente comigo os encontros, os relatos e as conversas. Muitas vezes revivemos a surpresa das tardes passadas com a bruxa e recordamos sua vitalidade, seu senso de humor, sua vontade de contar. E as emoções que seus relatos nos presentearam. Dia após dia, tentamos reconstruir sua vida e a de suas companheiras.

A morte de Irina me deixou triste, mas eu esperava por isso. De certo modo, fazia parte da ordem das coisas: em 22 de dezembro de 2016, a bruxa completaria 97 anos. No entanto, eu não imaginava ficar sabendo da notícia quase um mês depois, e por um jornal inglês.

Os necrológios do *The Guardian* nunca são convencionais e muitas vezes surpreendem: celebram e contam a vida de pessoas que, mesmo não sendo famosas na Grã-Bretanha ou no mundo e mesmo não estando presentes nos meios de comunicação de massa, tiveram uma vida que merece ser relembrada. Para o cotidiano inglês, a vida de Irina Rakobolskaya era sem dúvida uma delas: desconhecida da maioria fora de seu país e, no entanto, extraordinária. O necrológio havia sido escrito por Roger Markwick, historiador que publicara o livro *Soviet Women on the Frontline in the Second World War*, um volume que Irina apreciava muito e que várias vezes mencionara a nós.

Pelas informações obtidas nos muitos telefonemas que fizemos para saber mais sobre o fim da bruxa, parece que em Moscou os grandes jornais não deram muito destaque à sua morte. O funeral foi celebrado na universidade, a notícia foi reportada pelos sites e jornais *on-line* da MGU.

Isso tampouco me surpreende. O prestígio de Irina na Universidade Estatal de Moscou era indiscutível, e ela considerava o imponente edifício a poucas centenas de metros de sua residência sua segunda casa. Seu pai e seu marido haviam sido físicos, e seu primeiro filho, Andrei Dmitrievitch Linde, é um físico importante, estudioso da inflação cósmica. Quanto a ela, assumira o cargo de professora-adjunta de física em 1977 e, aos 80 anos, tornara-se professora emérita. Tinha cerca de trezentas publicações, entre as quais seis livros sobre física nuclear, e havia estudado os raios cósmicos. Sempre esteve na liderança da União das Mulheres da Universidade e foi membro do Conselho Acadêmico e da Academia Russa de Ciências sobre Raios Cósmicos.

Foi um funeral solene, repleto de gente – relata-me Elena, neta de Irina que vive na Itália há muitos anos e voltou a Moscou em razão da morte da avó.

Pega de surpresa, Elena ficou impressionada com a multidão que compareceu para despedir-se, com as inúmeras lembranças, com as palavras pronunciadas sobre a avó, seu passado de acadêmica, combatente e mulher corajosa.

Conta-me que muitos relembraram sua extraordinária capacidade organizacional. "Alguém disse que a exerceu até o último momento, que conseguiu morrer quando os dois filhos estavam com ela em Moscou, exatamente a três anos e três meses do seu centésimo aniversário", recorda.

Ficamos sabendo pelo filho Nicolai que o Estado russo havia concedido à bruxa a honra da sepultura em Novodevichy, no prestigiado cemitério dos heróis em que repousam Tchekov, Eisenstein, Gogol, Kruschev, Maiakóvski e Shostakovitch. Enfim, tudo se passara conforme as regras e como todos esperavam: a acadêmica e a combatente foram adequadamente recordadas e celebradas.

Contudo, enquanto tomo conhecimento dos detalhes do funeral, sinto crescer uma amargura e uma inquietação, cujos motivos tenho dificuldade para compreender de imediato. A mesma sensação acomete Eleonora, que não consegue se conformar com o fato de que os jornais não divulgaram a notícia da morte da bruxa. "Deve haver algum problema na nossa pesquisa", repete. "Não é possível que os jornais russos não tenham falado da morte da última bruxa. Existe apenas uma pequena nota no site dos estudantes da MGU."

Somente após alguns dias consigo desvendar a razão da minha amargura. Depois de trabalhar durante meses nestas páginas, tentei aproximar das mulheres de hoje a vida já distante das bruxas e restituir à experiência de Irina e de suas companheiras a força, a intensidade e a excepcionalidade que o tempo, inevitavelmente, tendia a ofuscar. Quis contar a história delas não para celebrá-las ou para prestar homenagem a um passado glorioso, mas porque a afirmação experimentada em campo de que "as mulheres são capazes de tudo" tinha um valor no presente, ou melhor, sobretudo no presente.

O funeral de Irina me mandou uma mensagem desanimadora. O rito, tão semelhante ao que a Rússia havia organizado para tantos veteranos, a celebração solene, mas limitada à acadêmica e à combatente, bem como a ocasião perdida pela imprensa de contar novamente a grande aventura das bruxas, estendiam um véu de esquecimento sobre uma parte importante, talvez fundamental, do romance da sua vida e daquela de suas companheiras. Não pude deixar de me perguntar: será que até mesmo a extraordinária história das bruxas acabará sendo um episódio como tantos da Grande Guerra Patriótica? Também elas se tornarão apenas "combatentes", e o orgulho de mulheres que "são capazes de tudo" se reduzirá à altivez dos defensores da pátria?

Tive a impressão de que seria assim, e isso me entristecia até mais do que a morte da bruxa. Confirmava-me que as mulheres podem ser traídas pela história, mesmo quando dela participaram ativamente e contribuíram para dar-lhe um rumo.

Quando comecei a escrever estas páginas, esperava que Irina tivesse tempo de lê-las. Talvez, ou melhor, quase com certeza teria feito críticas – era uma acadêmica exigente –, mas teria gostado de saber que eu havia contado a história das *Nachthexen*. Teria entendido quanto sua história e a de suas companheiras me haviam conquistado, a emoção que me guiara na reconstrução do romance de sua vida e meu esforço para fazer com que sua alma, seus sonhos e sua ambição fossem compreendidos.

Agora que Irina não está mais aqui, não posso fazer muito para remover a desilusão e a inquietação. Posso apenas esperar que este livro conteste, ao menos em parte, a força homologadora da história escrita pelos homens, e levá-lo ao túmulo em Novodevichy. É uma bruxa; tenho certeza de que conseguirá lê-lo.